**Prima Klima mit Pflanzen –
Wohnräume natürlich entgiften**

Marc Grollimund / Isabelle Hannebicque

Prima Klima mit Pflanzen

Wohnräume natürlich entgiften

Aus dem Französischen von Ulla Schuler

120 Farbfotos

Inhalt

Einführung

Die Luft in unseren Häusern und Wohnungen ist 10- bis 100-mal stärker verunreinigt als die Außenluft. Als Quellen hierfür kommen verschiedenste Pestizide und Giftstoffe in Frage, denn Farben und Lacke, Klebstoffe und Isoliermaterialien geben Chemikalien ab. Die Giftigkeit ihrer Bestandteile ist häufig unzureichend geprüft, denn die Gesetzgebung ist hinsichtlich der Schadstoffbelastung von Gebäuden immer noch zu ungenau und oberflächlich.

Neuere Untersuchungen ergaben, dass die Gefährdung unserer Gesundheit durch das Zusammenwirken verschiedener Produkte erhöht wird. Bereits winzige Mengen dieser Gifte können sich verheerend auf unsere Gesundheit auswirken. Die kontinuierliche Zunahme der Krebserkrankungen ist alarmierend. Allergien und Atemwegserkrankungen bei Kindern hängen mitunter damit zusammen, dass sie diesen flüchtigen Stoffen langfristig ausgesetzt sind. Am einfachsten können Sie sich schützen, indem Sie Ihre Wohnung oft und gründlich lüften und ökologisch unbedenkliche Bau- und Werkstoffe verwenden. Geben Sie langlebigen umweltfreundlichen und ungiftigen Produkten den Vorzug.

Wir wissen heute, dass Pflanzen atmen und die Luft von vielen schädlichen Verunreinigungen befreien. Damit verfügen Sie über eine angenehme und preiswerte Möglichkeit, Ihrer Behausung den nötigen Sauerstoff zuzuführen. Ihre grünen Freunde werden die meisten der Giftstoffe gründlich beseitigen und dafür sorgen, dass die Luft, die Sie und Ihre Kinder atmen künftig gesünder ist. Sie verschönern Ihre häusliche Umgebung und zugleich schützen sie auf lange Sicht Ihre Gesundheit.

▶ Der Klumpstamm ist eine sehr robuste und schadstoffbindende Pflanze (siehe Seite 84).

Woher stammen die Schadstoffe?

Über die Luftverschmutzung unserer Außenwelt wird schon lange geklagt. Dagegen wird die Qualität der Luft im umbauten Raum, wo wir uns meist 20 Stunden am Tag aufhalten, erst neuerdings untersucht und analysiert. Die von Experten in dem Jahrzehnt zwischen 1980 und 1990 erstmals durchgeführten Analysen ergaben, dass wir im Alltag einer Vielzahl von Giften aus unserem Umfeld ausgesetzt sind: aus Baustoffen, Einrichtungsgegenständen, Kosmetika, Putzmitteln oder aus der Heizung. Das Heimtückische ist, dass sich die Wirkungen dieser Emissionen gegenseitig verstärken. Holzschutzmittel, Klebstoffe und Isoliermaterial geben ihre Gifte langsam in die Raumluft ab und vermischen sich miteinander. Die meisten Wohnhäuser und Arbeitsstätten sind belastet. Es gibt jedoch Möglichkeiten, diese Gefahren zu mildern: Lüften Sie regelmäßig und richtig, sorgen Sie gegebenenfalls für die konsequente Wartung einer mechanisch gesteuerten Ventilation, heizen Sie nicht übermäßig und schaffen Sie Pflanzen an, die für die Reinigung der Raumluft sorgen.

Wählen Sie als Bodenbelag Holzparkett, Fliesen oder Teppichboden aus unbehandelten Pflanzenfasern (Kokos, Sisal, Schilf). Zum Verlegen sollten Sie unbedingt umweltfreundliche, möglichst lösemittelfreie Klebstoffe verwenden.

Baustoffe

Holz

Eigentlich ein edler und ökologischer Naturstoff. Zur Verwendung als Bauholz aber fast immer gegen Termiten, Pilze und andere Schädlinge behandelt. Übliches Bauholz ist oft hoch belastet und gibt flüchtige Gifte lange Zeit an die Umgebung ab. Zu nennen sind hier Pentachlorphenol (PCP), Arsenverbindungen, Lindan, Glykoläther u. v. a.
Kunstholz, Spanplatten und Sperrholz belasten die Raumluft jahrelang mit beachtlichen Mengen Formaldehyd.

Isoliermaterialien

Polystyrolhartschaum (Styropor) setzt ständig und über lange Zeit Benzol, Styrol, Pentan und andere Gifte frei.

Isolierschäume werden an Ort und Stelle mit Formaldehyd gebrauchsfertig gemacht und sind wegen der einfachen Handhabung bei Handwerkern und Heimwerkern gleichermaßen beliebt. Wegen der Konzentration an Formaldehyd ist größte Vorsicht geboten.

Polyurethan-Hartschaum ist ein guter Dämmstoff, der allerdings mit Diisocyanat feuersicher imprägniert wird. Polyurethan (PUR) dient auch zur flüssigen Beschichtung im Möbelbau. Im Brandfall entweichen Zyanverbindungen.

Polyvinylchlorid (PVC) wird verbreitet für viele Zwecke genutzt; es enthält eine Reihe gefährlicher Zusatzstoffe. Bei Überhitzen oder Verbrennen von PVC werden giftige Chlorgase frei. Dann besteht Erstickungsgefahr.

Glaswolle, Steinwolle: Wie Asbest enthalten diese Mineralfasern eine Art äußert langer dünner Nadeln, die mit der Atemluft bis in die Lunge eindringen können und sich an die Lungenbläschen heften. Sind gleichzeitig Formaldehyd-haltige Kunstharze vorhanden, kann sich diese Wirkung verstärken.

Streichen Sie Wände mit Kalkfarben und natürlichen Pigmenten oder mit Farbe auf Kasein- und Silikatbasis. Achten Sie beim Kauf stets auf seriöse Prüfsiegel und umweltfreundliche Produkte.

Werkstoffe für Innenausbau und Mobiliar

Mobiliar

Das selten gewordene Vollholz wird heute vielfach durch Pressspanplatten ersetzt. Diese Platten werden aus Holzspänen, die mit formaldehydhaltigem Leim vermischt werden, unter Druck gepresst. Pflanzensamen, den Sie in einem Schränkchen aus Spanplatten aufbewahren, wird schnell seine Keimfähigkeit verlieren.

▼ Während und nach der Anwendung verbreiten sich flüchtige Giftstoffe in der Raumluft.

Bodenbeläge und Wandverkleidungen

Fest verlegte Teppichböden sind Staubfänger; die Kleber enthalten Lösemittel, Flammschutzmittel und Spuren von Reinigungsmitteln. Man sollte sie möglichst vermeiden.

In Teppichen, die aus Naturfasern bestehen und leichter zu reinigen sind, sammeln sich weniger Schadstoffe an.

Echtes Linoleum aus unschädlichen natürlichen Materialien wird immer weniger hergestellt und durch PVC-Beläge verdrängt, die zahlreiche Schadstoffe freisetzen.

Die Klebstoffe zum Verlegen sind schädlich, denn sie enthalten leicht flüchtige Stoffe wie Epoxyharze, Neopren, Polyurethan und Formaldehyd oder Phtalat.

Tapeten und Bezugsstoffe

Tapeten sind mit abwaschbaren Vinylharzen beschichtet, die auf Dauer giftig sind. Oft enthalten sie Mittel gegen Milben und Schimmelpilze. Synthetische Klebstoffe tragen zur Schadwirkung bei. Achten Sie auf Hinweise wie Anti-Schmutz-Ausrüstung, Trockenreinigung, Gehalt an Insektiziden möglich. **Möbelbezugsstoffe und Wandverkleidungen** aus Kunstfasern enthalten in der Regel giftige Substanzen. Sie werden für Vorhänge, Wandteppiche sowie für Bezüge von Kissen und Sofas und dergleichen verwendet.

Anstriche und Putze

Anstriche und Putze setzen wähend ihrer Anwendung schädliche Stoffe frei. Mit der Zeit nimmt die Giftwirkung zwar ab, doch dauert der Prozess einige Monate. Die Gefahr geht vor allem von Lösemitteln wie Terpentinersatz, Keton, Alkohol, Toluol, Xylol und Trichloräthylen aus. Auch geruchsarme Farben auf Wasserbasis enthalten flüchtige organische Verbindungen, Glyköläther, Formaldehyd und Insektizide.

Lüftung und mechanisch gesteuerte Ventilationsgeräte

Lüften Sie regelmäßig Ihre Wohnung! Sogar in der Stadt ist die Luft in Wohnräumen oft stärker verunreinigt als im Freien. In zu gut isolierten Räumen wird die Luft nicht ausreichend erneuert. Sorgen Sie dafür, dass die Filter und Abzugsrohre von Ventilationsgeräten sowie von Dunstabzugshaube, Staubsauger und Fön stets sauber sind. Keime und Stäube können sich darin ansammeln und die Raumluft verunreinigen.

Basteln und Heimwerken

Säge-, Schleif- und Schweißarbeiten sollten im Freien oder in einem gut belüfteten Raum durchgeführt werden. Dabei sind Atemmaske, Arbeitshandschuhe und Schutzkleidung unerlässlich. Nach beendeter Arbeit sollten Sie den Abfall mit dem Staubsauger beseitigen.

Putz- und Reinigungsmittel für den Haushalt

Allzweckreiniger, Waschmittel, Abbeiz- und Desinfektionsmittel enthalten ebenso wie Insektizide flüchtige und für die Luft in unseren Häusern gefährliche Gifte. Die regelmäßige Verwendung gefährdet unsere Gesundheit. Alle Luftreiniger, die synthetische Duftstoffe enthalten, sind ebenfalls ungesund.

Heizung

Beim Verbrennen von Holz, Heizöl, Erdgas und anderen Brennstoffen werden stets verschiedene Gifte freigesetzt, die normalerweise durch den Kamin in die Atmosphäre entweichen. Bei unvollständiger Verbrennung oder bei schlechter Wartung der Heizungsanlage können sich jedoch Schadstoffe in Haus und Wohnung ausbreiten. Achten Sie deshalb stets auf gute Lüftung der Zimmer.

Verbrennen Sie niemals behandeltes Holz oder giftige Holzabfälle. Unter den emittierten Gasen ist das geruchlose und unsichtbare Kohlenmonoxid (CO) besonders gefährlich. Seine Wirkung ist tödlich.

Arbeitszimmer

Drucker und Fotokopierer belasten die Raumluft durch flüchtige giftige Gase. Das tun auch Filz- und Markierstifte. Sie sollten nicht im Wohnbereich aufbewahrt werden.

Industrie und Landwirtschaft

In manchen Wohngebieten dringen schädliche Stoffe von außen ein. Die vorherrschenden Winde tragen Gifte aus der Schädlingsbekämpfung in der Landwirtschaft, von stark befahrenen Verkehrswegen, Fabriken oder Verbrennungsanlagen heran. Informieren Sie sich gründlich über die nähere und weitere Umgebung, bevor Sie ein Haus kaufen!

> Verwenden Sie umweltfreundliche, natürliche Produkte: zum Parfümieren und Reinigen der Luft, wenn überhaupt, ätherische Öle; Essig zum Entkalken und Desinfizieren. Achten Sie darauf, dass die Produkte das Ökosiegel tragen. Greifen Sie auf gesunde alternative Hausmittel zurück.

Schadstoffe in Wohnräumen

Unsere Wohnräume sind meist klein und in ihnen konzentrie-
ren sich die Chemikalien, die in unserer Umgebung freigesetzt
werden. In der Tabelle gegenüber sind die am häufigsten vor-
kommenden Schadstoffe, ihre wichtigsten Quellen und die
Auswirkungen auf unsere Gesundheit zusammengefasst.

▶ Die elegante
Goldfruchtpalme
hat eine stark ent-
giftende Wirkung
(siehe Seite 74).

Schadstoff	Quelle	Wirkung auf die Gesundheit
Aceton (Ketonkörper)	Klebstoffe, Farben, Lösungsmittel, Isoliermaterial, Textilien, Nagellack	Reizung von Augen, Nase und Schleimhäuten
Aldehyde (Formaldehyd)	Haushaltsreiniger, Tabak, Konservierungsmittel (kosmet.), Isolierstoffe, Leim in Spanplatten, Lacke, Firnis, Schäume, Glaswolle, Kleber für Fliesen, Textilien, Desinfektionsmittel, Fotokopierer	Karzinogen, Atemwegserkrankungen, Allergien, reduzierte Abwehrkräfte Kopfschmerzen, Müdigkeit
Ammoniak	Reinigungsmittel, darf nicht mit Eau de Javel (Bleichmittel) gemischt werden	Freisetzung giftiger Gase, die Bronchien und Lunge reizen
Benzol, Toluol, Xylol, Styrol	Abgase, Anstrichfarben, Lacke, Klebstoffe, Teppichböden, Styropor, Baustoffe, Kunststoffe, Tinten, Insektizide, Tabakrauch	Karzinogen, Leukämie, Anämie
Trichloräthylen, para-Dichlorbenzol, Vinylchlorid (PVC)	Lösungsmittel, Anstrichfarben, Klebstoffe, Lacke, Fleckentferner, Desinfektionsmittel, Deodorantien, Mottenschutzmittel, Insektizide	Karzinogen, kann Leber und Nieren schädigen, Hormonstörungen
Glykoläther	Tinten, Klebstoffe, Silikonharz, Farben auf Wasserbasis, Holzschutzmittel, Herbizide, Fungizide, Kosmetika, Seifen	Sterilität, beeinträchtigt die Fortpflanzung
Organische Chlorverbindungen, Organophosphate (Lindan, Endosulfan, Dichlorovos, Chloropyrifos, Chlorotonolil u. a.)	Insektizide, Mittel gegen Läuse, Ungezieferbekämpfung bei Tieren	Nervengifte, Karzinogen, Mutagen
Flammschutzmittel	Zahlreiche Produkte, z. B. TBEP, TBP, TCEP, etwa in Bettzeug und Polsterstoffen	Nervengift Allergien, Schlafstörungen Kopfschmerzen, Übelkeit
Kohlenmonoxyd (CO)	Geruchloses, tödliches Gas (entsteht durch Fehleinstellung von Gasheizkörpern, mangelnde Lüftung, Zigarettenrauch)	Schwerer Kopf, Übelkeit, Drehschwindel

Luftreinigung durch Pflanzen

Biologische Filterung der Luft

Pflanzen sind Lebewesen. Wie wir brauchen sie Nahrung und leben im Austausch mit der Außenwelt. Ihre Blätter, Stängel und Stämme nehmen gasförmige Stoffe und Wasserdampf auf und geben sie gereinigt wieder ab. Die unterirdischen Wurzeln dienen nicht nur der Verankerung im Boden, sondern sind zur Aufnahme von Wasser und Nährsalzen wichtig. Pflanzen sind leistungsfähige chemische Fabriken. Moleküle aus der Luft, vor allem CO_2, die für den Menschen schädlich sind, können sie als Nährstoffe verwerten oder in ihrem Gewebe speichern.

Mechanismen der Luftreinigung

Die Aufgabe des Bodens und der Wurzeln

Eine mikroskopische Untersuchung des Erdreichs verdeutlicht die vorrangige Bedeutung der Mikroorganismen und ihr Zusammenspiel mit den Pflanzenwurzeln. Milliarden von Bakterien, Pilzen und Algen – von denen etliche mit den Zellen der Wurzeln in Symbiose leben – verdauen die in Wasser und Luft suspendierten Schadstoffe, sodass die Pflanzen sie gefahrlos aufnehmen können. Dank dieser Kooperation verläuft der Abbau rasch und liefert den Pflanzen wichtige Nährstoffe.

Die Voraussetzung dafür, dass Leben im Boden entsteht und diese chemischen Prozesse vollständig ablaufen, ist eine luftdurchlässige und gut strukturierte Erde. Viele Mikroorganismen, die in reifem Kompost und guter Gartenerde leben, wirken entgiftend, sofern im Boden keine Pestizide vorhanden sind, die sie schädigen.

Für das Entgiftungsvermögen einer Pflanze sind im Wesentlichen das Erdreich und seine symbiotischen Beziehungen zu den Wurzeln entscheidend.

Die Aufgabe von Blättern und Stängeln

Fotosynthese

Blätter und Stängel sind die vornehmlich sichtbaren Organe der Pflanzen. Sie sind lichtabhängig und daher so organisiert, dass sie möglichst viel Licht für die Fotosynthese absorbieren können. Bei diesem pflanzentypischen Mechanismus wird über die Blätter CO_2 aus der Luft aufgenommen und mithilfe von Sonnenlicht und Wasser in Sauerstoff (O_2) umgewandelt, der für alle Lebewesen lebensnotwendig ist. Die Pflanze produziert bei diesem Vorgang Stoffe, die als Energielieferanten dienen.

Eine Flut chemischer Reaktionen auf der Basis von Kohlenstoff findet in den Blättern statt und dabei entstehen verschiedene für die Nahrungskette unentbehrliche Substanzen.

Die Epidermis und die Kutikula

Mit der schützenden Epidermis oder äußeren Zellwand des Blattes ist ein wachshaltiges Häutchen (Kutikula) fest verbunden. Die Schicht ist halbdurchlässig (semipermeabel), sodass Schadstoffe in die Pflanze eindringen und von ihr aufgenommen und assimiliert werden können.

Die Stomata

Es handelt sich um mikroskopisch kleine Öffnungen meist an der Blattunterseite, die sich je nach Tageszeit, Temperatur und Luftfeuchte öffnen und schließen, um den Austausch von Luft, Wasser und zahlreichen gasförmigen Stoffen zu regeln. Durch diese unzähligen Öffnungen nimmt die Pflanze Giftmoleküle auf und wandelt sie um. Über den Austausch zwischen Blattwerk und Luft sorgen die Pflanzen für befeuchtete und gesündere Zimmerluft.

◄ Der Wunderstrauch (oder Kroton) reinigt die Luft und ist Indikator für das Gleichgewicht von Luftfeuchte und Helligkeit in Räumen.

Eingewöhnungsdauer und Auswahl der Pflanzen

Gewöhnung an die Schadstoffe

Die Pflanzen müssen sich an die Schadstoffe gewöhnen. Es dauert etwa zwischen zwei und acht Tagen, bis die Entgiftungsleistung zum Tragen kommt. Eine plötzliche Konzentration von Schadstoffen können die Pflanzen nicht bewältigen.

Vielfalt der Pflanzen beachten

Es empfiehlt sich, verschiedene Pflanzen zu kombinieren, um die Gesundheit des Menschen auf lange Sicht zu fördern. Eine Zahl anzugeben ist schwierig, doch Sie können davon ausgehen, dass die Luft, die Sie atmen, umso frischer und gesünder und optimal feucht ist, wenn Sie verschiedene luftreinigende Pflanzen in der Wohnung platzieren.

Die „begrünte" Wand

Zahlreiche Zimmerpflanzen sind Aufsitzer (Epiphyten). Um den oft geringen Platz und das Licht in Wohnungen optimal zu nutzen, bietet sich eine „begrünte" Wand an, die Sie mit Blumenkästen oder Wandträgern gestalten können.

Kästen oder Kübel

Setzen Sie Pflanzen, die 1,20 bis 2 m hoch werden, in Kästen und füllen Sie die Zwischenräume mit kleineren Pflanzen.

Wandträger

Befestigen Sie auf einem länglichen Rahmen aus rostfreiem Metall Kulturvlies. Auf dieser Fläche ordnen Sie mit Substrat gefüllte Taschen an, in die Sie verschiedene Epiphyten pflanzen. Zur ständigen Befeuchtung der Pflanzen installieren Sie oberhalb eine Berieselungsanlage. An der Basis befindet sich ein Auffanggefäß, aus dem das Wasser mit einer Pumpe zur Bewässerung anderer Pflanzen geleitet wird. Eine solche Anlage fördert die Entwicklung von Pflanzen mit stark wachsenden Wurzeln, die eine besonders intensive Luftreinigung bewirken.

Eindrucksvoll begrünte Wände finden Sie im neu erschienenen Buch Patrick Blanc, Vertikale Gärten.

◀ Gruppen von Keulenlilien wachsen aus dem Laub des Kolbenfadens (*Aglaonema*) hervor.

Wie entgiften Pflanzen die Luft?

In unseren Wohnungen, deren ungesunde Luft häufig zu Erkrankungen der Atemwege führt, sind Pflanzen die Schadstoffe filtern, äußerst wichtig. Sie können die Wirkung heimtückisch wirkender, flüchtiger Gifte abmildern oder gar ganz unschädlich machen. Inzwischen ist wissenschaftlich recht gut geklärt, welchen Wirkmechanismus Pflanzen zur Entgiftung anwenden. Für den Menschen sind diese Gewächse ein wahres Geschenk, denn sie fördern das Wohlbefinden.

Wirkung auf die Raumluft

Neuere Arbeiten aus der Schweiz, Deutschland und Österreich zeigen, dass Pflanzen die Luft befeuchten und Atembeschwerden, Asthma und Hautreizungen lindern können. Sobald genügend Zimmerpflanzen vorhanden sind, nimmt die Luftfeuchtigkeit um 4 bis 8 % zu, was eine deutliche Steigerung des Wohlbefindens der Bewohner zur Folge hat.

Wirkung auf Stress

Zimmerpflanzen verbessern die Qualität der Luft und wirken hemmend auf Mikroben und schädliche Keime. Das Laub und die Wurzeln binden schlechte Gerüche. Die Farbe Grün wirkt bekanntlich heilsam und beruhigend. An Arbeitsplätzen mit Pflanzen als dekorativen Elementen sinkt die Müdigkeit und es gibt nicht so häufig Fehlzeiten. In Norwegen und Schweden hat man festgestellt, dass die Produktivität der Arbeitnehmer in grüner Umgebung zunimmt.

Auch giftige Pflanzen sind wirksam

In Wohnungen wirken Pflanzen ausgesprochen wohltuend. Man muss sich jedoch klar sein, dass manche Pflanzen giftig sein können, wenn man ihre Blätter oder Stängel verzehrt. Obwohl einige Zimmerpflanzen bei Verzehr giftig sind, ist es völlig unbedenklich, sie in Wohnräumen aufzustellen. Allergische Reaktionen auf Grünpflanzen sind selten. Sie treten häufig nur dann auf, wenn beim Kontakt mit den Blättern oder dem Saft der Pflanze die Haut gereizt wird.

▼ Diese Efeutute (*Epipremnum*, siehe Seiter 66) klettert an einem Stab empor und passt sich allen Gegebenheiten an.

▶ Vanda: Die Luftwur-
zeln dieser Orchidee,
aber auch ihre unter-
irdischen Wurzeln ab-
sorbieren große Men-
gen an Schadstoffen.

Vor den Gefahren von Grünpflanzen im Schlafzimmer warnten unsere Vorfahren zu Unrecht. Vielmehr geben Grünpflanzen deutlich mehr Sauerstoff an die Zimmerluft ab als Kohlendioxid. Zögern Sie also nicht, unter Palmen zu schlafen! Und bedenken Sie: Den Pflanzen verdanken wir die heutige Atmosphäre, die unsere Existenz ermöglicht.

Die Kraft der Wurzeln

Wie Eisberge haben auch die Pflanzen eine unsichtbare Wirkung. Im Zusammenwirken mit den Mikroorganismen des Erdreichs können die Wurzeln große Mengen an Schadstoffen aufnehmen. Für diesen Job brauchen unsere Zimmerpflanzen gut durchlässige und mäßig feuchte Erde.

Vitalität, Lebensdauer, Blüte

Zimmerpflanzen werden oft als Grünpflanzen bezeichnet, weil ihr Laub grün ist und nicht abgeworfen wird. Sie blühen in Räumen eher selten. Allerdings gibt es auch einige Ausnahmen, zum Beispiel einige Orchideenarten. In freier Natur kommt es nur bei alten Pflanzen zur Blüte (z. B. *Dracaena, Philodendron, Schefflera*). Einige dieser Pflanzen sind sehr langlebig und bringen es auf mehr als 50 Jahre. Dagegen begrenzen die schwierigeren Bedingungen in unseren Wohnungen die Lebensdauer meist auf zwei bis zehn Jahre. Hobbygärtnern mit „grünem Daumen" gelingt es manchmal, ihre Pflanzen zu anhaltender, reicher Blüte zu bringen. Sollten Sie einmal kranke Pflanzen haben, trennen Sie sich am besten von ihnen. Zuvor klären Sie aber möglichst die Ursache der Krankheit, und achten Sie darauf, dass andere Pflanzen nicht auch erkrankt sind.

Der optimale Standort

Um die Luft gründlich reinigen zu können, müssen die Lebensbedingungen der Zimmerpflanzen – Temperatur, Standort und Erde – stimmen. Wenn Ihre Pflanzen gesund sind, wachsen sie schnell und vergrößern ihre Blattflächen, mit denen sie dann immer effektiver zur Verbesserung des Innenraumklimas beitragen können.

Die Bedürfnisse der Pflanzen

Der Wasserbedarf der Pflanzen ist zum Teil ganz unterschiedlich und davon abhängig, aus welchen klimatischen Gebieten der Erde sie stammen.

Wasser

In den Regionen um den Äquator liegen Temperatur und Feuchtigkeit konstant auf einem erhöhten Niveau. Tropisches Klima wechselt zwischen feuchter und trockener Wärme im Winter; im Halbwüstenklima des Mittelmeerraums oder vergleichbaren Zonen kommt es zu unregelmäßigen Niederschlägen und mitunter zu mäßigen Frösten.
Anhand der Herkunft lässt sich der Feuchtigkeitsbedarf einer Pflanze ableiten (ständiges Feuchthalten oder Ruhezeiten im Kühlen ohne Gießen). Es ist nützlich, sich im Gartenfachhandel beraten zu lassen.

Licht

Pflanzen, die im Unterholz, in offenem Gelände oder auf Bäumen wachsen, haben ganz unterschiedliche Lichtbedürfnisse. Die Sonne kann voll oder teilweise schattiert sein. Im Schatten von großblättrigem Laub ist das Licht diffus und schwach.

Standortbedingungen

Welche Pflanzen Sie wählen, hängt nicht nur von Ihren eigenen Vorlieben ab, sondern vor allem auch von der Lage des

Hauses oder der Wohnung in Bezug auf Intensität und Dauer des Tageslichtes in den einzelnen Räumen.

In Parterrewohnungen, die zum Hinterhof liegen, ist das Licht äußerst spärlich und die Auswahl an Pflanzen dementsprechend begrenzt. Die höheren Stockwerke mit freier Sicht können dagegen extrem sonnig sein, sodass hier ganz andere Pflanzen in Frage kommen. Manche Pflanzen dürfen nicht am Fenster stehen, sonst würden ihre Blätter verbrennen.

▼ Die Zwerg-Dattelpalme (*Phoenix roebelenii*) gedeiht prächtig in voller Sonne (siehe Seite 122).

Dagegen profitieren die sonnenhungrigen Pflanzen von einem solchen Standort.

Wichtige Kriterien für die Wahl der Pflanzen sind außerdem die Temperatur und die Luftfeuchte der Räume.

Bei jedem Zimmer stellt sich die Frage: Welche Schadstoffe sind vorhanden? Wie sollen die Pflanzen arrangiert werden? Blühpflanzen, große Pflanzen, hängende oder Ampelpflanzen – welche Auswahl ist richtig?

◀ *Ficus microcarpa* wird wie die anderen Ficusarten gehalten (siehe Seite 52): In jeder Umgebung bindet er zahlreiche Schadstoffe.

Diele oder Flur

Diele oder Flur vermitteln einen ersten Eindruck von Ihrer Wohnung. Eine geeignete Pflanze zu finden, die Zugluft, schlechte Lichtverhältnisse und externe Schadstoffe aushält und Ihnen gefällt, ist nicht einfach!

Die besten Pflanzen für Diele und Flur

Name der Pflanze	Ansprüche, Pluspunkte	Entgiftungs-kapazität	Eliminierte Schadstoffe
Ficus (alle Arten)	Hell bis sonnig (keine Südsonne), braucht viel Platz	hoch	Formaldehyd, Ammoniak, Xylol, Toluol
Efeu (*Hedera*)	Mäßig hell, kühl	hoch	Benzol, Formaldehyd, Ammoniak
Blattfahne, (*Spathiphyllum*)	Braucht wenig Licht	hoch	alle Schadstoffe
Rutenpalme (*Rhapis excelsa*)	Mäßig hell, braucht viel Platz	hoch	Ammoniak, Formaldehyd, Xylol, Tabakrauch, Abgase
Azalee (*Rhododendron*)	Hell bis sonnig (keine Südsonne), hübsche Farben der Blüten	mittel	Ammoniak, Formaldehyd, Xylol, Tabakrauch, Abgase
Kletternder Philodendron (*Philodendron scandens*)	Braucht wenig Licht	gering	Formaldehyd
Bogenhanf (*Sansevieria*)	Mäßig hell bis hell (keine Südsonne), frostempfindlich	gering	Alle Schadstoffe

▲ Der Gummibaum
(*Ficus elastica*, siehe
Seite 78) zählt zu den
stärksten Formal-
dehyd bindenden
Pflanzen.

▼ Aufrechter
Schwertfarn
(siehe Seite 108).

Das Wohnzimmer
Oft ist es das größte und hellste Zimmer einer Wohnung.
Hier wollen wir uns entspannen und wohlfühlen. Hier können
viele verschiedene Pflanzen arrangiert werden.

Die Küche
Unsere Nahrung ist unsere wichtigste Medizin: Diese Erkennt-
nis sollte nicht durch Schadstoffe, die aus melaminbeschichte-
tem Spanplattenmobiliar, Haushaltsgeräten und Putzmitteln
ausgasen, ins Gegenteil verkehrt werden. Die angemessene
Benutzerfreundlichkeit der Küche wird letzlich auch durch
eine Vielzahl an Pflanzen erreicht.

Wintergarten und Veranda
Die Luft dieser Räume ist meist weniger belastet, es sei denn,
dass sie übermäßig möbliert oder die Gardinen und Vorhänge
feuersicher ausgerüstet sind. Durch die Fülle der Pflanzen in
Wintergarten oder Veranda wird bei offener Verbindung die
Luft in der gesamten Wohnung gereinigt.

Die schönsten Pflanzen fürs Wohnzimmer

Name der Pflanze	Ansprüche, Pluspunkte	Entgiftungs-kapazität	Eliminierte Schadstoffe
Ficus (alle Arten)	Hell bis sonnig (keine Südsonne)	sehr hoch	Formaldehyd, Ammoniak, Xylol, Toluol
Gerbera (*Gerbera*)	Hell bis sonnig, viele hübsche Farben	sehr hoch	Formaldehyd, Ammoniak, Xylol, Toluol
Drachenbaum (*Dracaena* in Arten)	Mäßig hell bis hell (keine Südsonne)	hoch	Benzol, Xylol, Formaldehyd
Aufrechter Schwertfarn (*Nephrolepis exalta*)	Mäßig hell (wenig Sonne)	hoch	Formaldehyd, Xylol, Ammoniak
Baumfreund (*Philodendron*)	Mäßig hell bis hell (keine Südsonne)	hoch	CO, Toluol, Benzol, Hexan, Formaldehyd
Kentiapalme (*Howea forsteriana*)	Hell (keine direkte Sonne), braucht viel Platz, sehr dekorativ	gering	Benzol, Hexan, Formaldehyd

Die besten Pflanzen für die Küche

Name der Pflanze	Ansprüche, Pluspunkte	Entgiftungs-kapazität	Eliminierte Schadstoffe
Zwergpalme (*Chamaerops humilis*)	Hell bis schattig	sehr hoch	Benzol, Xylol, Formaldehyd
Ficus (alle Arten)	Hell bis sonnig (keine Südsonne)	sehr hoch	Formaldehyd, Ammoniak, Xylol, Toluol
Grünlilie (*Chlorophytum*)	Hell bis schattig	hoch	Kohlenmonoxid (CO), Toluol, Formaldehyd, Benzol
Drachenbaum (*Dracaena* in Arten)	Mäßig hell bis hell (keine Südsonne)	hoch	Benzol, Xylol, Formaldehyd
Flamingoblume (*Anthurium*)	Hell bis sonnig (keine Südsonne), schöne farbige Blüten	mittel	Ammoniak
Kakteen (Kandelaber, *Cereus repandus* u. a.)	sonnig, sparsam gießen, langlebig	mittel	Stoppt elektromagnetische Wellen von Geräten und Öfen

Das Bad

Die hohe Luftfeuchtigkeit im Bad genügt häufig, um tropischen Pflanzen optimale Bedingungen zu bieten. Sie müssen
aber auch für ausreichend Licht sorgen. Gefährliche Schad-
stoffquellen sind hier Nagellack, Aerosole, desodorierende
Seifen und parfümierte Produkte.

Das Kinderzimmer

Schnell, ein Baby ist unterwegs: Jetzt muss alles erneuert
werden, tapeziert, angestrichen, geputzt, isoliert; Schränke
und Regale werden angeschafft. Achten Sie beim Kauf aber
unbedingt auf giftstofffreie Produkte, die für einen jungen
Organismus ohne Abwehrkräfte ungefährlich sind. Sind die

▲ Azalee
(siehe Seite 48).

Die besten Pflanzen für Wintergarten und Veranda

Pflanzenname	Ansprüche, Pluspunkte	Entgiftungskapazität	Eliminierte Schadstoffe
Zwerg-Dattelpalme (*Phoenix roebelenii*)	Sehr hell bis sonnig, ästhetisch	sehr hoch	Xylol, Formaldehyd
Goldfruchtpalme (*Chrysalidocarpus lutescens*)	Hell und feucht, elegant, hochwüchsig	hoch	Xylol, Toluol, Formaldehyd
Azalee (*Rhododendron*)	Hell bis leicht sonnig (keine Südsonne), hübsche Farben der Blüten, durstig	hoch	Ammoniak, Formaldehyd, Xylol
Baumfreund (*Philodendron*)	Mäßig hell bis hell (keine Südsonne), kletterfreudig	hoch	Formaldehyd, CO,- Trichloräthylen, Ammoniak
Wunderstrauch, Kroton (*Codiaeum variegatum*)	hell und feucht	gering	Formaldehyd
Begonien (*Begonia*)	Hell bis sehr hell, blüht anhaltend, dekoratives Laub	gering	Formaldehyd

◀ Goldfruchtpalme, Kentiapalme, Farne, Spathiphyllum, Ficus und
Drachenbaum in einem Wintergarten.

Die besten Pflanzen fürs Bad

Name der Pflanze	Ansprüche, Pluspunkte	Entgiftungs-kapazität	Eliminierte Schadstoffe
Bergpalme (*Chamaedorea*)	Heller Standort, sehr robust	sehr hoch	Alle Schadstoffe
Gerandeter Drachen-baum (*Dracaena marginata*)	Mäßig hell bis hell (keine Südsonne), nimmt erstaunliche Formen an	hoch	Alle Schadstoffe
Ficus 'Alii'	Hell bis sonnig (keine Südsonne), Stamm bieg-sam, schmale Blätter	hoch	Alle Schadstoffe
Aufrechter Schwertfarn, Boston-Farn (*Nephrolepis exaltata*)	Hell bis sonnig (keine Südsonne), feuchte Luft, besprühen	hoch	Formaldehyd, Xylol
Kolbenfaden (*Aglaonema*)	Schattig bis Halbschattig pflegeleicht	niedrig	Formaldehyd, Benzol
Schmetterlingsblume (*Phalaenopsis*)	Hell (wenig Sonne), warm, blüht lange	gering	Formaldehyd

Möbel bereits angeschafft, kann es helfen, die richtigen Pflan-zen zur Entgiftung ins Kinderzimmer zu stellen.
Im Gegensatz zu dem, was Sie gelernt haben, dürfen Sie Pflanzen auch in das Kinderzimmer oder in Ihr Schlafzimmer stellen. Die geeigneten Pflanzen in der Tabelle gegenüber sind nachweislich für Kinder unbedenklich.

Das Schlafzimmer

Nach anstrengenden Arbeitstagen braucht man ein Zimmer, in das man sich zurückziehen kann, um sich zu entspannen. Die richtige Wahl der Pflanzen trägt dazu bei, dass Sie nachts friedlich schlummern können.

▶ Wie alle anderen für Kinderzimmer geeigneten Pflanzen ist der Kapwein für Kinder völlig ungefährlich.

Die besten Pflanzen fürs Kinderzimmer

Name der Pflanze	Ansprüche, Pluspunkte	Entgiftungs- kapazität	Eliminierte Schadstoffe
Bergpalme (*Chamaedorea*)	Unbedenklich für Kinder, hell bis halbschattig, robust	sehr hoch	Zahlreiche Schadstoffe
Grünlilie (*Chlorophytum comosum*)	Unbedenklich für Kinder, hell bis schattig, mit den Kindern Ableger ziehen	hoch	Zahlreiche Schadstoffe
Drachenbaum (*Dracaena* in Arten)	Unbedenklich für Kinder, mäßig hell bis hell (keine Südsonne), wenig gießen, lustige Formen	hoch	Zahlreiche Schadstoffe
Aufrechter Schwertfarn, Boston-Farn (*Nephrolepis exaltata*)	Unbedenklich für Kinder, hell bis sonnig (keine Südsonne), riecht angenehm, befeuchtet die Luft	hoch	Formaldehyd, Xylol
Schmetterlingsblume (*Phalaenopsis*)	Unbedenklich für Kinder, Hell (wenig Sonne), robust, hübsche Blüten	gering	Formaldehyd
Kapwein (*Cissus capensis*)	Hell bis sonnig (keine Südsonne)	gering	Formaldehyd

▲ Kletternder
Philodendron
(siehe Seite 82).

▶ *Dracaena reflexa*
(siehe Seite 60)
vereint Ästhetik
und Entgiftungs-
vermögen.

Die besten Pflanzen für das Schlafzimmer

Name der Pflanze	Ansprüche, Pluspunkte	Entgiftungskapazität	Eliminierte Giftstoffe
Baumfreund (*Philodendron*)	Mäßig hell bis hell (keine Südsonne), kletternd und herabhängend	hoch	Fast alle Schadstoffe
Blattfahne (*Spathiphyllum*)	Braucht wenig Licht	hoch	Alle Schadstoffe
Rutenpalme (*Rhapis excelsa*)	Mäßig hell, robust	hoch	Zahlreiche Schadstoffe
Drachenbaum (*Dracaena* in Arten)	Mäßig hell bis hell (keine Südsonne)	hoch	Benzol, Xylol, Formaldehyd
Kolbenfaden (*Aglaonema*)	Schattig bis hell (wenig Sonne), pflegeleicht	mittel	Formaldehyd, Benzol
Fingeraralie (*Schefflera*)	Hell bis halbschattig (wenig direkte Sonne)	mittel	Benzol, Xylol
Zimmertanne (*Araucaria heterophylla*)	Halbschattig bis hell (keine Südsonne), pflegeleicht	gering	Formaldehyd

Das Arbeitszimmer

Wir verbringen viel Zeit des Tages im Büro oder im häuslichen Arbeitszimmer. Einrichtung und Arbeitsmittel, die in diesen Räumen stehen, sind nicht immer gut für die Gesundheit. Drei bis fünf geeignete Pflanzen in diesen Räumen heben nachweislich die Stimmung und entgiften die Atmosphäre.

▲ Yuccapalmen
(siehe Seite 116).

▶ Klumpstamm
oder Elefantenfuß
(siehe Seite 84).

Die besten Pflanzen für das Arbeitszimmer

Name der Pflanze	Ansprüche, Pluspunkte	Entgiftungs-kapazität	Elminierte Schadstoffe
Drachenbaum (*Dracaena* in Arten)	Mäßig hell bis hell (keine Südsonne), dekorativ	hoch	Fast alle Schadstoffe
Rotblättriger Philoden-dron, Baumfreund (*Philodendron erubescens*)	Mäßig hell bis hell (keine Südsonne), gleichmäßig warm, schöne Farben	hoch	Formaldehyd, Trichlor-äthylen
Kletternder Baum-freund (*Philodendron*)	Mäßig hell bis hell (keine Sonne), kletternd und herabhängend	hoch	Fast alle Schadstoffe
Rutenpalme (*Rhapis excelsa*)	Halbschattig, elegant	hoch	Formaldehyd, Xylol, Ammoniak
Ficus	Hell bis sonnig (keine Südsonne), lässt sich wie Baum beschneiden	hoch	Formaldehyd, Xylol, Ammoniak
Klumpstamm (*Beaucarnea recurvata*) oder Kakteen	Sonnig, sehr robust, brauchen wenig Wasser	mittel	Formaldehyd, Schutz vor elektromagneti-schen Wellen (Mikro-welle, Laptop, Rechner)

Die Pflege der luftreinigenden Pflanzen

Wie bei allen anderen Zimmerpflanzen sind zunächst die äußeren Bedingungen entscheidend für die Pflege. Hierbei handelt es sich vor allem um den Standort. Sehr wichtig sind neben den Lichtverhältnissen, die Raumtemperatur und die Erde, in der sich die Pflanze befindet. Mikroorganismen im Boden begünstigen ein gesundes und kräftiges Wachstum. Daneben benötigen die Pflanzen je nach Art Wasser und Nährstoffe, die in regelmäßigen Abständen zugeführt werden müssen. Die Standortbestimmungen sollten optimal auf die Ansprüche der Pflanze abgestimmt sein. Indem wir unsere Zimmerpflanzen pflegen, tun wir auch uns etwas Gutes! Dabei haben wir Gelegenheit, ihre Bedürfnisse und die Lebensbedingungen, die ihnen das Herkunftsland bot, genauer kennenzulernen.

Licht

Chlorophyll
Chlorophyll färbt die Pflanzen grün. Dank diesem grünen Blattfarbstoff wird die Kraft der Sonne in Energie umgewandelt. Jede Pflanze hat einen ganz bestimmten Lichtbedarf. Wenn man ihn berücksichtigt, sorgt man für optimale Vitalfunktionen und folglich für eine optimale Luftreinigung. Verwechseln Sie aber nicht Licht und Sonne.

Die richtige Lichtintensität
Um die Lichtmenge oder Helligkeit zu beurteilen, die Ihre Pflanzen bekommen, ist die Lage der Räume – Norden, Süden, Osten, Westen – zu bedenken, ferner die Größe und Höhe der Fenster, die Dauer der Lichteinwirkung: Eine Stunde volle Sonne genügt nicht; dagegen sind sechs bis sieben Stunden mittlere Helligkeit ideal für viele Pflanzen. Es ist sinnvoll, drei Typen der Lichtintensität zu unterscheiden: schwache, mittlere und starke Helligkeit.

▶ Drachenbäume (*Dracaena deremensis*) mögen es hell (siehe Seite 60).

▲ Durch die Sonne verbranntes Blatt.

Schwache Helligkeit
Sie ist typisch für Ost- oder Nordlagen, für einen Abstand vom Fenster von mehr als 2,5 Meter und für abgelegene Winkel. Wände mit dunklen Tapeten schlucken viel Licht und mindern die Helligkeit. Helle Wände, auch Spiegel, reflektieren das Licht und fördern so das Gedeihen der Pflanzen.
Große Bäume neben dem Haus und zu nahe stehende Gebäude dämpfen das Licht. Zu hoch hängende Pflanzen bekommen deshalb zu wenig Licht, weil das Tageslicht schräg einfällt.

Mittlere und schattierte Helligkeit
Sie ist typisch für hohe Nordfenster und für Westfenster mit leichten Gardinen oder einem schattenspendenden Baum im Außenbereich, bei Standorten mitten im Zimmer oder für die unteren Etagen eines Mietshauses.

Ausgeprägte und starke Helligkeit
Sie bestimmt die Süd- und Westlagen auf den höheren Stockwerken oder auf dem Land bei freistehenden Häusern. Der Boden vor den großen Fenstern reflektiert besonders stark. Falls Sie im Sommer Ihre Zimmerpflanzen ins Freie bringen, stellen Sie sie in den Schatten großer Bäume oder an die Nordseite, zu Füßen einer Mauer. Ein plötzlicher Standortwechsel könnte sonst leicht zu Verbrennungen führen.

Wie kann man optimale Lichtverhältnisse schaffen?

▶ Amazonas-Pfeliblatt (*Alocasia* × *amazonica*) braucht sehr viel Licht; die Pflanze befeuchtet und reinigt die Zimmerluft.

Achten Sie beim Standort auf die individuellen Bedürfnisse Ihrer Pflanzen. Oft dringt das Licht im Winter tiefer ein, dabei nimmt aber die Helligkeit ab. Stellen Sie die Pflanzen dann an einen anderen Platz, wo sie mehr Licht bekommen.
Streichen Sie die Wände in dunklen Zimmern weiß, dann wird das Licht besser reflektiert. Lassen Sie Ihre schattenliebenden Pflanzen in heißen Sommern nicht auf der Fensterbank stehen, die Blätter würden verbrennen. Lenken Sie das Licht durch Spiegel um.
Wenn Ihre Pflanzen zum Licht hin wachsen, drehen Sie sie nach und nach, damit ihr Wuchs harmonisch bleibt.
Hängen Sie Ampelpflanzen tiefer, wenn das Licht abnimmt.

Ziehen Sie die
Pflanze aus dem
alten Topf.

Entfernen Sie die
alte Erde.

Stutzen Sie abge-
storbene oder zu
lange Wurzeln.

Setzen Sie die Pflanze
in den neuen Topf.

Stellen Sie die Pflanzen höher, die zu niedrig stehen oder
durch Mäuerchen unter Fenstern verdeckt werden.

Pflanzerde

Ihre Pflanzen brauchen für eine gesunde Entwicklung Nährstoffe. Aus der Pflanzerde entnehmen sie die für ihr Wachstum dringend benötigten Substanzen. Die meisten Zimmerpflanzen stammen aus tropischen Gegenden, wo die Böden
mit vielen Blättern bedeckt sind und aus ständig feuchtem
organischem Substrat bestehen. Diese leichten und sauren
Böden halten Wasser und Luft. Empfehlenswert ist es deshalb,
handelsübliche „Spezialerde für Grünpflanzen" zu verwenden,
deren ausgewogene Zusammensetzung für viele Pflanzen optimal ist. Die in dieser Erde lebenden Mikroorganismen tragen
ebenfalls zur Luftreinigung bei.

Umtopfen

In der Regel müssen Sie Zimmerpflanzen alle zwei bis drei
Jahre umtopfen. Lösen Sie dabei die Pflanze vorsichtig aus
ihrem Topf. Entfernen Sie alte oder abgestorbene Wurzeln
und überprüfen Sie, ob das Exemplar ganz gesund ist, damit
sich das Umtopfen auch lohnt. Anschließend wird die Pflanze
in einen neuen Topf, dessen Durchmesser maximal drei bis
fünf Zentimeter größer sein darf. Bis zur ersten Düngung
muss man einige Wochen warten. Ein häufiger Fehler ist, der
Pflanze einen zu großen Topf zu geben. Dann nämlich bildet
die Pflanze Wurzeln, aber weder Zweige noch Blätter.
Bei zu großen Pflanzen, die nicht bewegt werden können,
kommt lediglich neue Erde auf die Oberfläche. Sind die
Pflanzkübel übervoll, entfernen Sie alte Erde an der Oberfläche, bevor Sie Dünger geben.

Vermehrung durch Stecklinge

Am einfachsten ist die Vermehrung durch Stecklinge. Dabei schneidet man bestimmte Pflanzenteile wie Blätter und Triebe von der Mutterpflanze ab. Der Steckling sollte fünf bis zwölf Zentimeter lang sein. Entfernen Sie bei Triebstecklingen die unteren Blätter. Nun kann der Steckling in Aussaaterde, die nicht zu kühl sein sollte, gesteckt werden. Stülpen Sie über den Topf einen Beutel aus Klarsichtfolie um die Luftfeuchtigkeit zu erhöhen. Manche Stecklinge ziehen auch Wurzeln, wenn man sie in Wasser stellt.

Gießen

Achten Sie auf die Bedürfnisse der einzelnen Pflanzen. Manche müssen ständig feucht gehalten werden, bei anderen muss die Erde vor dem nächsten Gießen etwas antrocknen, bis zwei oder drei Zentimeter in die Tiefe. Die meisten Pflanzen sind von Licht und Temperatur abhängig. Im Sommer sind sie sehr aktiv und brauchen mehr Wasser. Im Winter ist dagegen sparsames Gießen angesagt.

▼ Besser ist es direkt an die Wurzeln zu gießen, sonst kann es zu ungewollten Überschwemmungen kommen.

Die Gesundheit der Pflanzen

„Gesunde Pflanzen werden selten krank."
Wer die Standortbedingungen der Zimmerpflanzen berücksichtigt und ihre Bedürfnisse hinsichtlich Wasser und Nährstoffe erfüllt, kann sich lange an ihrer Schönheit erfreuen.
Vorbeugen ist stets wirksamer als aufwendige Behandlungen,
wenn die Pflanzen kränkeln oder von Parasiten befallen sind.
Pflanzen besitzen natürliche Abwehrkräfte und besondere
Mechanismen, um sich vor Schädlingen und Krankheiten zu
schützen. Wird jedoch überdüngt, zu viel oder zu wenig gegossen oder zu wenig Licht geboten, schwächeln die Pflanzen
und werden anfälliger für Schaderreger.

Die Bedürfnisse der Pflanzen

Um die optimale Entgiftungsleistung zu bringen, müssen die
Pflanzen gesund sein und gut gedeihen. Dafür müssen ihre
Bedürfnisse erfüllt werden. Je nach Herkunft benötigen die
Pflanzen mehr oder weniger Wasser, Licht, Luftfeuchtigkeit
und Wärme. Die Wurzeln sind anspruchsvoll und müssen in
lockerer, luftdurchlässiger Erde stehen, die je nach Pflanze
fein oder grob sein sollte. Eine wichtige Eigenschaft ist der
pH-Wert der Erde. Im Allgemeinen bevorzugen Zimmerpflanzen leicht saure, humusreiche Erde. Alle gesunden Pflanzen
haben schöne feste Wurzeln. Damit sie gut gedeihen, muss die
Erdmischung locker und feucht sein und die richtige Zusammensetzung haben.
Sehr feine Erden verbacken durch Wasser und werden nach
wenigen Monaten hart und luftundurchlässig, sodass die Wurzeln weder Nährstoffe noch Wasser aufnehmen können. Die
Verdichtung verhindert außerdem das Wachstum der jungen
Würzelchen. Dann funktioniert das Zusammenwirken mit den
Mikroorganismen nicht mehr und die entgiftende Wirkung
des Bodens nimmt ab.
Stehendes Wasser am Boden des Topfes fördert das Wachs-
tum parasitärer Pilze an den Wurzeln und am Wurzelhals der
Pflanze, was zum Absterben führen kann.

Gesundheit heißt Vorsorge

Zur optimalen Pflege müssen folgende Fragen beantwortet werden:
- Steht die Pflanze im richtigen Licht?
- Stimmt die Temperatur?
- Ist die Luftfeuchtigkeit ausreichend?
- Hat die Pflanze gute, nicht zu alte Erde?
- Wird sie richtig gegossen und gedüngt?

Die beste Vorsorge besteht darin, die Blätter regelmäßig mit kalkfreiem Wasser (Regenwasser) zu besprühen und sie oft mit einem weichen Pinsel oder Schwamm zu reinigen. Verschonen Sie aber neue Blätter und empfindliche Knospen. Unterlassen Sie solche Behandlungen auch bei zu kühlen Temperaturen. Im Sommer können Sie die Pflanzen im Freien besprühen. Ansonsten können Sie für diese Arbeit gut die Badewanne oder das Spülbecken benutzen.

▲ Vorsorge: Besprühen Sie die Blätter mit kalkfreiem Wasser und reinigen Sie sie danach mit einem Pinsel.

Krankheiten und Mangelerscheinungen

Gelegentlich können die Pflanzen erkranken. Die Gründe sind verschieden: ungünstige Kulturbedingungen oder Besiedlung der Pflanze mit parasitären Keimen.

Symptome

Die Pflanze wächst nicht, sie welkt: Wahrscheinlich sind die Wurzeln von Pilzen befallen; möglicherweise wurde die Pflanze aber auch zu wenig oder zu viel gegossen; oder erlitt einen Kälteschock.

Vertrocknete Blattspitzen: verursacht durch zu trockene Luft, Pflanze hat Durst.

Weiße Flecken und pudriger Belag auf den Blättern: Es handelt sich um Infektionen durch winzige Pilze wie Botrytis, Echten oder Falschen Mehltau.

Vergilben der Blätter: zu viel Licht oder Chlorose (Blattvergilbungen). Ursachen sind häufig kalkhaltiges Wasser oder kalkreiche Erde. Gießen Sie mit weichem Wasser und topfen Sie eventuell in gute Pflanzerde um.

▼ Schäden durch trockene Luft.

Laubfall: Vor dem Eintreten in die Vegetationsruhe werfen manche Pflanzen einige Blätter ab. Das ist unbedenklich. Passiert das Abfallen des Laubes während der Wachstumsperiode liegt wahrscheinlich ein Behandlungsfehler vor. Korrigieren Sie hier gegebenenfalls Gießen, Düngen und die Temperatur. **Braune und schwarze Flecken an den Stängeln**: Pilzbesiedlung infolge falscher Pflege oder kontaminierter Erde.

Behandlung von Krankheiten

Sobald eine Krankheit erkannt ist, entfernt man am besten die befallenen Teile. Pilze und Bakterien lassen sich mit natürlichen, ungiftigen Mitteln wie beispielsweise Extrakten aus Schachtelhalm bekämpfen, allerdings ist die Dosierung hier so problematisch wie bei chemischen Mitteln. Ändern Sie die Pflege der Pflanzen und kontrollieren Sie Ihre Pflanzen regelmäßig, damit Sie Probleme rechtzeitig erkennen.

Häufig auftretende Schädlinge

Erkennen und bekämpfen

Häufig handelt es sich um Insekten, aber auch andere Parasiten können unseren Zimmerpflanzen das Leben schwer machen. Die mitunter winzigen Schädlinge können sämtliche Teile einer Pflanze einschließlich der Wurzeln befallen.
Spinnmilben (Rote Spinne): Kaum sichtbare, rötlich bis gelbliche Spinnentierchen, die an der Blattunterseite Gespinste weben und den Saft aus der Pflanze saugen. Sie vermehren sich stark in trockener und warmer Umgebung.
Blattläuse: Es gibt sie in unterschiedlichen Farben von schwarz über gelb nach grün. Sie befallen zarte Pflanzenteile wie junge Triebe und Knospen und vermehren sich stark auf geschwächten oder überdüngten Pflanzen.
Napfschildläuse: Sie sind ein bis zwei Millimeter groß mit schildartiger Hülle. Sie sitzen fest auf der Pflanze, oft auf der Blattunterseite oder in Blattachseln und sind zunächst kaum sichtbar und saugen den Pflanzensaft aus. Als Ausscheidungsprodukte kann man den klebrigen Honigtau erkennen. Verteilen Sie auf den befallenen Stellen mit einer weichen Bürste

▲ Spinnmilben (Rote Spinne)

▲ Geflügelte Blattlaus

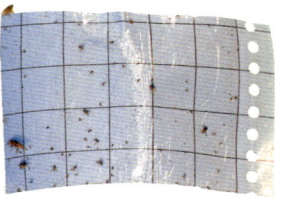

▲ Schädlingsklebestreifen

Seifenlauge (Kernseife) und sprühen Sie anschließend ein natürlich wirkendes Insektizid darüber.

Schmierläuse: Sie befallen die gesamte Pflanze mitsamt den Wurzeln und bilden kleine wollige Kügelchen. Entfernen Sie die Insekten mit einem Pinsel, den Sie in ein natürlich wirkendes Insektizid getaucht haben.

Weiße Fliegen: Wie kleine Motten sehen die kleinen Tierchen aus, die sich an die Blattunterseite der Pflanze heften und bei Bewegung auffliegen. Das drei Millimeter große saugende Insekt scheidet zähen Honigtau aus. Schneiden Sie zu stark befallene Pflanzenteile ab und verwenden Sie ein natürlich wirkendes Insektizid.

Klebrige Blätter und Stängel: Hierfür können verschiedene Insekten verantwortlich sein, zum Beispiel Thripse, Läuse, Schildläuse oder Weiße Fliegen.

Schwarze Blätter: Sind die Blätter wie mit Kohlenstaub überzogen, haben sich Schwärzepilze angesiedelt, die sich auf dem Honigtau stechender Insekten entwickeln und somit die Fotosynthese stark hemmen können.

Behandlung der Schädlinge und Insekten

Greifen Sie möglichst schnell ein.

Entfernen Sie stark befallene Stellen.

Besprühen Sie die Pflanzen regelmäßig mit Regenwasser. Stellen Sie die Pflanzen im Sommer nach Möglichkeit ins Freie.

Entfernen Sie Ungeziefer mit einer weichen Bürste oder einem Pinsel und besprühen Sie die Pflanze danach mit einem natürlichen Insektizid, um erneuten Befall zu verhindern. Achten Sie besonders auf Stängel und Blattansatz.

Verteilen Sie im Wintergarten oder im Treibhaus farbige und klebrig imprägnierte Insektenfallen, sie eliminieren ohne Gefahr eine Menge fliegender Schädlinge.

▲ Napfschildläuse

▲ Schmierlaus

▲ Weiße Fliegen

▲ Schwärzepilze

Pflanzenporträts

Lange vor dem Menschen haben Pflanzen die Erde bevölkert und eine sauerstoffreiche Atmosphäre geschaffen, indem sie giftige Gase beseitigten. Diese einzigartige Fähigkeit besitzen viele Pflanzen noch heute.

Die nachstehenden 40 Pflanzenporträts geben Tipps zur Pflege und Gesunderhaltung, zur Düngung und Vermehrung. Außerdem erfahren Sie, welche Giftstoffe neutralisiert werden. Mit Pflanzen im Haus können Sie das Angenehme mit dem Nützlichen verbinden. Die beschriebenen Pflanzen tragen dazu bei, die Luft in Ihrem Heim zu verbessern, sodass Sie dort künftig gesünder leben werden.

◄ *Monstera deliciosa* (siehe Seite 68).

▼ Die kräftig gefärbten Blüten der Anthurie sind ein echter Hingucker in Ihrer Wohnung.

Anthurie, Flamingoblume

Große Flamingoblume *Anthurium andraeanum*

Die Große Flamingoblume entwickelt interessante kolbenförmige Blütenstände und waffelförmig gemusterte Hochblätter. Sie wird sehr häufig kultiviert. Sie besitzt eine erstaunliche Luftreinigungskraft.

Allgemeine Merkmale
Familie: Araceae (Aronstabgewächse).
Herkunft: Kolumbien; 1876 nach Europa importiert.
Natürlicher Lebensraum und Beschreibung: Die Wildart ist selten. Aus ihr wurden zahlreiche Hybriden gezüchtet, wegen ihrer herz- und pfeilförmigen Blätter und dem ungewöhnlichen Blütenstand. Anthurien blühen ganzjährig weiß, rosa, violett oder rot. In den tropischen Wäldern wachsen sie am Boden oder auf Bäumen.

Abbau chemischer Schadstoffe
Sehr wirksam gegen **Ammoniak**, **Xylol** und **Formaldehyd**.

Kultur und Pflege
Kultur: Eine erneute Blüte ist schwer zu erreichen.
Standort: Hell bis sonnig (keine Südsonne). Für die Blüte ist Licht unerlässlich.
Temperatur: Mindestens 10 °C, ideal sind 18 bis 24 °C bei guter konstanter Luftfeuchtigkeit.
Gießen: Im Sommer feucht halten. Mit Regenwasser gießen und besprühen. Im Winter zwischendurch abtrocknen lassen.
Düngen: Im Winter nicht düngen, nur während des Wachstums mit Blühpflanzendünger.
Vermehren: Wurzelstock teilen.
Umtopfen: Alle zwei bis drei Jahre in hochwertige Zimmerpflanzenerde.
Schädlinge und Krankheiten: Sehr selten.

Manche Anthurien, zum Beispiel *A. crystallinum*, werden wegen ihrer prächtigen Blätter kultiviert.

Azalee, Alpenrose

Indica-Azalee *Rhododendron simsii*

Dieser kleine Strauch mit den immergrünen Blättern wird seit dem 17. Jahrhundert kultiviert. Er blüht üppig in vielen verschiedenen Farben und ist sehr dekorativ. *Rhododendron simsii* ist außerordentlich effektiv bei der Luftreinhaltung unserer schadstoffbelasteten Wohnungen.

▼ Während der Blüte sollten Sie den Standort einer Azalee nicht verändern, sonst können die Blüten abfallen.

Allgemeine Merkmale

Familie: Ericaceae (Heidekrautgewächse).
Herkunft: China, Japan, Korea, Taiwan.
Natürlicher Lebensraum und Beschreibung: Die natürliche Umgebung der Pflanze ist das gemäßigte Klima im Bergland auf etwa 1 000 Meter Höhe. Sie liebt feuchte Luft und sanftes Licht ohne direkte Sonneneinstrahlung.

Abbau chemischer Schadstoffe

Pflanze verträgt Rauch. Unter optimalen Bedingungen schluckt sie jede Menge **Formaldehyd**, **Ammoniak** und **Xylol**.

Kultur und Pflege

Kultur: Mäßig anspruchsvoll.

Standort: Hell bis leicht sonnig (keine Südsonne). Standort wenn möglich nicht wechseln, während die Pflanze blüht.

Temperatur: 3 bis 18 °C sind ideal. Zur Blütenbildung 5 bis 12 °C, während der Blüte 18 °C.

Gießen: Erde während der Blüte ständig feucht halten. Wenn das Gießen vergessen wurde, Topf in Regenwasser tauchen, damit die Erde sich vollsaugen kann.

Düngen: Sehr sparsam mit Spezialdünger für Moorbeetpflanzen.

Vermehren: Im Frühjahr durch Stecklinge von neuen Trieben, die in erwärmte Anzuchterde gesteckt werden. Unter Folie anwachsen lassen.

Umtopfen: Regelmäßig nach der Blüte in gut durchlässige Moorbeeterde.

Schädlinge und Krankheiten: Wenige; es treten aber vor allem Mangelerscheinungen durch kalkhaltiges Wasser, oder zu trockene Luft in zu warmen Räumen auf.

> Wenn Sie sich mehrere Jahre an Ihrer Azalee erfreuen wollen, stellen Sie den Topf den Sommer über ins Freiland (Ost- oder Nordlage) und holen Sie ihn im Herbst wieder ins Haus.

Begonie, Schiefblatt

Blütenbegonien *Begonia × hiemalis*
Blattbegonien *Rex-Cultorum*-Gruppe

Diese Blütenpflanzen werden seit mehreren Jahrhunderten kultiviert. Ihre verschwenderische Blüte dauert monatelang. Begonien sind beliebte Zimmerpflanzen, die viel zur Luftreinigung beitragen.

Allgemeine Merkmale
Familie: Begoniaceae (Schiefblattgewächse).
Herkunft: Südamerika, Brasilien, tropisches Asien.
Natürlicher Lebensraum und Beschreibung: Die meisten Begonien stammen aus feuchten tropischen Wäldern. Kleine, in Gruppen wachsende Halbsträucher mit meist ungleichseitigen, glatten grünen Blättern, bronzerot gemustert. Blühen in vielen Farben. Die Blüten sitzen an fleischigen Stielen.

Abbau chemischer Schadstoffe
Die Begonie bindet hauptsächlich **Formaldehyd**. In den hellen Räumen einer Wohnung fühlt sie sich besonders wohl.

Kultur und Pflege

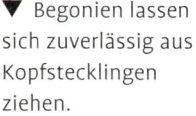

▼ Begonien lassen sich zuverlässig aus Kopfstecklingen ziehen.

Kultur: Mäßig anspruchsvoll.
Standort: Helles Licht in Fensternähe, keine direkte Sonne.
Temperatur: Mindestens 12 °C, ideal sind 15 bis 20 °C. Mag keine Wärme.

Gießen: Nur leicht feucht halten. Kein Wasser auf die Blätter spritzen. Mit Regenwasser gießen.

Düngen: Blütenbegonien während der Blütezeit alle zwei bis drei Wochen mit Blühpflanzendünger düngen. Die anderen Begonien sind dankbar, wenn sie vom Frühjahr bis Ende des Sommers drei- bis viermal gedüngt werden.

Vermehren: Kopfstecklinge entwickeln sich zuverlässig bei gutem Licht. Bewurzelungshormon verwenden.

Umtopfen: Besser aus Stecklingen eine neue Pflanze ziehen.

Schädlinge und Krankheiten: Anfällig für Fäule der Wurzeln, Sprosse und Blätter. Weiße Flecken auf den Blättern weisen auf Echten Mehltau hin.

Die Gattung *Begonia* wurde im 17. Jahrhundert von dem Botaniker Charles Plumier entdeckt und beschrieben. Es gibt einige seltene Duftbegonien, zum Beispiel *B. odorata*.

▼ Blattbegonien sind sehr beliebt wegen ihrer auffallenden Blattfärbungen.

Birkenfeige, Ficus

Birkenfeige *Ficus benjamina*
Langblättrige Feige *Ficus binnendijkii* 'Alii'

Die Gattung *Ficus* oder Gummibaum, die durch die Schönheit ihrer Blätter sehr formenreich ausfällt, wird oft als Strauch kultiviert.

Allgemeine Merkmale
Familie: Moraceae (Maulbeergewächse).
Herkunft: Tropischen und subtropischen Gebiete der Erde.
Lebensraum und Beschreibung: Es gibt mehr als 600 Arten der Gattung in allen Größen. Ihre Blüten sind meist unscheinbar und reifen zu kleinen runden Feigen.

Abbau chemischer Schadstoffe
Die verschiedenen Arten binden Formaldehyd, Xylol, Ammoniak, Toluol, Trichloräthylen und Benzol. Manche Pflanzen bauen gar fünf Schadstoffe gleichzeitig ab.

Kultur und Pflege
Kultur: Mäßig anspruchsvoll.
Standort: Hell bis sonnig (keine Südsonne).
Temperatur: Ganzjährig 15 bis 25 °C.
Gießen: Im Sommer regelmäßig, im Winter seltener je nach Temperatur am Standort.
Düngen: Während der Wachstumsphase regelmäßig mit Grünpflanzendünger.
Vermehren: Durch Stecklinge; die Vermehrung ist aber nicht einfach und sollte Spezialisten überlassen werden.
Umtopfen: Im Frühjahr, wenn die Wurzeln den Topf ausfüllen, in leichte, humusreiche Grünpflanzenerde. Alljährlich die oberste Schicht durch frische Erde ersetzen.
Schädlinge und Krankheiten: Schildläuse und Spinnmilben. Im Sommer können die Blätter Brandschäden erleiden, wenn man die Pflanze am Fenster oder im Freien direkter intensiver Sonneneinstrahlung aussetzt.

Einem Ficus, der sich an seinem Platz wohlfühlt, sollten Sie keinen anderen Standort geben: Er wirft sonst in den Tagen nach dem Platzwechsel Blätter ab.

▼ Im Sommer können Sie Ihren Ficus auch ins Freie stellen.

Chrysantheme, Wucherblume

Sorten von *Chrysanthemum indicum*

Normalerweise blühen Chrysanthemen im Herbst. Wegen ihrer prachtvollen Blüte werden sie weltweit und ganzjährig auch als dekorative Zimmerpflanzen kultiviert. Stellen Sie die blühenden Pflanzen zur Verbesserung der Luft in Ihre Wohnung.

Allgemeine Merkmale

Familie: Asteraceae (Korbblütler).
Herkunft: Orient, China.
Lebensraum und Beschreibung: In gemäßigtem Klima können diese Pflanzen 0,80 bis 1,20 m hoch werden. Kaufen Sie Pflanzen, bei denen die Blütenknospen schon leicht gefärbt sind. Häufig öffnen sich grüne Knospen nicht.

Abbau chemischer Schadstoffe

Formaldehyd, Benzol und Ammoniak werden schnell abgebaut. Maximale Wirkung erreichen Sie, wenn die Pflanze in einem sehr hellen, mäßig temperierten Zimmer steht.

▶ Kräftig gefärbte Chrysanthemen bringen im Herbst auch Ihren Balkon zum Leuchten.

Kultur und Pflege

Kultur: Mäßig anspruchsvoll.

Standort: Sonnig.

Temperatur: Nachts liebt es die Pflanze kühl, zwischen 5 und 10 °C, tagsüber sollte es bei 14 bis 18 °C bleiben. Die Blüten sind frostempfindlich.

Gießen: Die blühende Pflanze braucht viel Wasser.

Düngen: Die Topfpflanzen benötigen keinen Dünger, denn in der Wohnung kommen sie nicht erneut zur Blüte.

Vermehren: 10 cm lange Stecklinge im Frühbeetkasten; die Vermehrung ist allerdings schwierig.

Umtopfen: Unnötig. Nach der Blüte im Garten auspflanzen.

Schädlinge und Krankheiten: Blätter können von Läusen und Pilzen befallen werden.

Manche Chrysanthemen werden zum Verzehr gezüchtet. Dekorieren Sie doch mal Ihre Gerichte damit.

▶ Mit verschiedenen
kleinwüchsigen Sukkulenten
können Sie hübsche Miniatur-
landschaften bilden.

Dickblatt

Crassula arborescens

In vielen Ländern gelten *Crassula*-Bäume als Glücksbringer und man glaubt, dass sie schlechte Energie binden. Als Zimmerpflanzen wirken sie durch ihre stämmige und robuste Form wie Bonsais.

Allgemeine Merkmale

Familie: Crassulaceae (Dickblattgewächse).
Herkunft: Südafrika.
Natürlicher Lebensraum und Beschreibung: Infolge seiner Herkunft aus den semiariden und ariden Zonen Südafrikas verträgt das Dickblatt lange Trockenperioden, vorausgesetzt, es steht frostfrei und hat volle Sonne. Die fleischigen Blätter sind von einer undurchlässigen Kutikula überzogen, das verhindert Wasserverluste durch Transpiration. Im Winter bis Frühjahr schmücken sich manche Pflanzen mit kleinen weißen oder rosaweißen Blüten.

Abbau chemischer Schadstoffe

Das Dickblatt schluckt Ammoniak und verringert die elektromagnetischen Wellen von Computer-Bildschirmen und Fernsehgeräten. Schützt vor Mikrowellen.

Kultur und Pflege

Kultur: Sehr leicht.
Standort: Volle Sonne.
Temperatur: 5 bis 24 °C.
Gießen: Unregelmäßig und sehr sparsam. Erde zwischendurch austrocknen lassen.
Düngen: Kakteendünger in der Wachstumsperiode.
Vermehren: Blatt- und Triebstecklinge einfach in Sandmischung stecken.
Umtopfen: In durchlässige Kakteenerde pflanzen.
Schädlinge und Krankheiten: Schädlingsbefall sehr selten. Zu viel Wasser lässt die Pflanze faulen.

Dickblattgewächse können zu lebenden Skulpturen heranwachsen, wenn man sie in schöne Gefäße pflanzt und regelmäßig beschneidet.

▼ Im Orient werden diese Pflanzen als Glücksbringer geschätzt.

Dieffenbachie, Schweigrohrwurzel

Dieffenbachie seguine

Grünpflanze mit prächtigem Laub, das mehr oder weniger stark cremeweiß geädert oder gesprenkelt ist. Die großen Blattflächen bedingen, dass die Pflanze Schadstoffe in Räumen sehr gründlich abbaut.

▼ Je weniger panaschiert die Blätter einer Art sind, desto geringer ist ihr Lichtbedarf.

Allgemeine Merkmale

Familie: Araceae (Aronstabgewächse).
Herkunft: Brasilien, tropischer Wald Amerikas.
Lebensraum und Beschreibung: Diese großblättrige Pflanze lebt unter dem Schutz anderer Pflanzen und verträgt keine kalte Zugluft. Sie bildet kräftige, mehr als 1,5 m lange Sprosse. Ältere Pflanzen können Blüten bilden, die von einem creme-weißen Hüllblatt, wie beim Aronstab, umhüllt sind.

Abbau chemischer Schadstoffe

Dieffenbachien eliminieren Formaldehyd, Toluol und Xylol je nach Varietät in unterschiedlichem Maße. Formaldehyd wird vom Erdreich gebunden. Je nach Varietät werden stündlich 4 bis 12 µg Toluol und Xylol entgiftet.

Kultur und Pflege

Kultur: Mäßig anspruchsvoll.
Standort: Im Sommer schattiert, im Winter hell.
Temperatur: Mindestens 18 °C; ideal sind 22 bis 25 °C.
Gießen: Das ganze Jahr über feucht halten. Blätter besprühen.
Düngen: Nur während der Wachstumszeit von April bis September mit Grünpflanzendünger.
Vermehren: Kopfstecklinge oder Sprossstücke von der Pflanze abtrennen. In leichter, feuchter Erde bei vollem Licht und Wärme bewurzeln lassen.
Umtopfen: Alle zwei oder drei Jahre im Frühling in hochwertige Grünpflanzenerde.
Schädlinge und Krankheiten:
Wenig krankheitsanfällig.

> Berühren Sie niemals ein Blatt oder einen Stängel mit der Zunge, sie wäre dann einige Stunden taub! Bei Kleinkindern besteht Erstickungsgefahr.

▶ Drachenbäume sind
gute, reinigungsaktive
Pflanzen und sehr beliebt,
weil sie pflegeleicht sind.

Drachenbaum, Schlangenlilie

Dracaena fragrans, D. marginata und andere

Der Drachenbaum erinnert an Yuccapalmen. Er wächst aufrecht, oft in Gruppen. Die Pflanzen verzweigen sich erst, wenn man die Sprossspitze abschneidet. Dort wachsen dann Büschel von lanzenförmigen gebogenen Blättern. Die Luft in Wohnungen und Häusern wird durch Drachenbäume sehr gut gereinigt.

Die Art *Dracaena fragrans* hat bandförmige überhängende grüne Blätter. Die Sorten 'Lindenii' und 'Massangeana' haben dagegen panaschiertes Laub.

Allgemeine Merkmale
Familie: Agavaceae (Agavengewächse).
Herkunft: Tropisches Afrika, Insel Réunion.
Lebensraum und Beschreibung: Drachenbäume wachsen in Gegenden, wo sich Regenzeit und trockene Perioden abwechseln. In ihrem Gewebe können sie Wasser speichern und dann bessere Zeiten abwarten.

Abbau chemischer Schadstoffe
Je nach Art schlucken Drachenbäume in unterschiedlichem Maße Benzol, Formaldehyd, Trichloräthylen, Xylol, Kohlenmonoxid und Toluol. Alle hellen Räume sind die richtige Umgebung für diese eleganten Pflanzen.
Dracaena fragrans (Syn. *D.deremensis*) gibt es in verschiedenen Blattbreiten, mit meist blaugrünen Blättern und weißen bis cremegelben Streifen. Die Art bindet hauptsächlich Benzol, Toluol und Xylol.
Die breiten bogenförmigen Blätter von *Dracaena fragrans* 'Massangeana' sind hellgrün mit einem breiten gelben Mittelstreifen, der oft von feinen grünen Linien durchzogen ist. Diese *Dracaena* bindet Formaldehyd.
Dracaena marginata hat dünne Sprosse und schmale dunkel-

▼ Drachenbäume können Wasser speichern und vertragen es auch, wenn das Gießen mal vergessen wird.

▶ Drachen-
bäume
eignen sich
auch zur
Hydrokultur.

grüne Blätter, die von roten Streifen durchzogen sind. Sie eliminiert nachdrücklich Xylol.

Die kleinere *Dracaena sanderiana* bildet grüne, mehr oder weniger weiß panaschierte Blätter. Sie bindet Xylol.

Kultur und Pflege

Kultur: Einfach.

Standort: Mäßig hell bis hell (keine Südsonne).

Temperatur: Ideal sind 13 bis 24 °C.

Gießen: Im Sommer feucht halten. Im Winter vor dem nächsten Gießen antrocknen lassen.

Düngen: In der Wachstumsperiode sparsame Gaben von Grünpflanzendünger.

Vermehren: Im Herbst durch Trieb- und Sprosssstecklinge; warm halten und unter Folie.

Umtopfen: Alle zwei Jahre im Frühling in leichte durchlässige Grünpflanzenerde. Bei älteren Pflanzen die obere Erdschicht austauschen, da sie verbraucht ist.

Schädlinge und Krankheiten: Wenig krankheitsanfällig. Befall mit Spinnmilben oder Schildläusen möglich, wenn die Blätter zu trocken sind.

▶ Aus *Dracaena sanderiana* werden fantasievolle Gestecke gefertigt. Diese Art verschenkt man zum chinesischen Neujahr.

▶ Die panaschierten
Efeu-Arten brauchen
mehr Licht als die
grünen.

Efeu

Gewöhnlicher Efeu *Hedera helix*

Zur Gattung *Hedera* zählen etwa zehn Arten, die sich nach Form und Farbe ihrer drei- bis fünflappigen Laubblätter unterscheiden. Sie passen sich allen Bedingungen an und entgiften die Luft nachhaltig.

Allgemeine Merkmale

Familie: Araliaceae (Efeugewächse).
Herkunft: Alle gemäßigten Zonen.
Lebensraum und Beschreibung: Alle Efeuarten, ob sie aus Asien, Nordafrika oder von den Kanarischen Inseln stammen, sind Kletterpflanzen. Dank ihrer unterschiedlichen Herkunft passt sich Efeu an unterschiedlichste Bedingungen an und es gibt für fast jeden Standort eine Art oder Sorte. Efeu blüht nur in sonniger Lage im Freien.

Abbau chemischer Schadstoffe

Efeu eliminiert in 24 Stunden 80 bis 90 Prozent des Benzols aus der Luft und bindet außerdem Formaldehyd, Toluol, Xylol und Trichloräthylen. Eine Pflanze für jedes Zimmer.

Kultur und Pflege

Kultur: Sehr leicht.
Standort: Mäßig hell. Die panaschierten Arten brauchen mehr Licht als die grünen.
Temperatur: Efeuarten und -sorten vertragen bis −8 °C. Ideal sind 10 bis 15 °C. Kleinblättrige Efeus sind empfindlicher.
Gießen: Erde leicht feucht halten. Nicht zu viel gießen.
Düngen: Wenig Dünger, sonst leidet das Laub.
Vermehren: Durch Stecklinge; die Pflanze verträgt einen regelmäßig Schnitt gut.
Umtopfen: Alle zwei bis drei Jahre im Frühling, wenn die Pflanze ihren Topf ganz füllt, in Grünpflanzenerde.
Schädlinge und Krankheiten: Spinnmilben durch zu viel Wärme und trockene Luft.

Nach einigen Jahren in der Wohnung können Sie Efeu ins Freie auspflanzen, entweder als Bodendecker oder an eine Mauer.

▶ Ein regelmäßiger Rückschnitt fördert das üppige Wachstum der Efeutute.

Efeutute

Epipremnum pinnatum

Die Efeutute gibt es in zwei Arten und verschiedenen Sorten. In Wohnungen wächst die Efeutute oft an einer Rankhilfe oder herabhängend. In der gesamten Wohnung vermag sie Schadstoffe abzubauen.

Allgemeine Merkmale
Familie: Araceae (Aronstabgewächse).
Herkunft: Südostasien, Solomoninseln, Java, Borneo.
Lebensraum und Beschreibung: Diese Kletterpflanze aus den tropischen Wäldern kann eine beachtliche Länge erreichen (5 bis 6 m) und große Blätter entwickeln. Sie klettert an Bäumen empor und wuchert durch niedrige Sträucher. Sehr effektvoll im Gewächshaus oder Wintergarten.

Abbau chemischer Schadstoffe
Dank ihrer Anpassungsfähigkeit wächst die Efeutute problemlos und vermindert den Gehalt von Kohlenmonoxid, Toluol, Benzol, Hexan, Formaldehyd und Trichloräthylen in der Luft. Magerer Boden verstärkt die entgiftende Wirkung.

Kultur und Pflege
Kultur: Einfach.
Standort: Ganzjährig mäßig hell bis hell (keine Südsonne). Bei zu schwachem Licht geht die gelbe Panaschierung allerdings verloren.
Temperatur: Mindestens 10 °C; ideal sind 15 bis 25 °C.
Gießen: Erde feucht halten.
Düngen: Regelmäßig, aber sparsam.
Vermehren: Kopfstecklinge im Frühjahr.
Umtopfen: Alle zwei Jahre im Frühling in hochwertige Grünpflanzenerde. Bei großen Pflanzen reicht es jedes Jahr die oberste Erdschicht austauschen.
Schädlinge und Krankheiten: Krankheiten sind selten. Bei zu viel Feuchtigkeit können die Blätter fleckig werden.

Efeututen werden schöner und kräftiger, wenn man sie regelmäßig zurückschneidet.

▼ Um den Klettertrieb der Efeutute zu leiten, wird sie oft an Rankhilfen aus Kokosfaser aufgebunden.

Fensterblatt, Monstera

Großes Fensterblatt *Monstera deliciosa*

Die Früchte schmecken nach Ananas und werden zu Speiseeis, Säften und Wein verarbeitet. Die Pflanze wird auch medizinisch gegen Gelenkentzündungen verwendet.

Die jungen Blätter der wuchsfreudigen Pflanze sind herzförmig, werden später jedoch charakterisitsch-gelappt. Die Monstera ähnelt im Jugendstadium deshalb dem Philodendron. Schadstoffe vermindert sie in mittlerem Maße, dafür aber regelmäßig das ganze Jahr über.

Allgemeine Merkmale

Familie: Araceae (Aronstabgewächse).
Herkunft: Mexiko, Südamerika.
Natürlicher Lebensraum und Beschreibung: Im tropischen Wald rankt sie sich oft an großen Bäumen empor. Aus den schlanken Sprossen entwickeln sich zahlreiche Luftwurzeln. Die eher seltene Sorte 'Variegata' hat cremefarben panaschierte Blätter.

Abbau chemischer Schadstoffe

Die größeren Exemplare vermindern Gehalte an Formaldehyd und Ammoniak. Die großen Blätter befeuchten und reinigen außerdem die Luft.

Kultur und Pflege

Kultur: Sehr leicht.
Standort: Mäßig hell bis hell (keine Südsonne).
Temperatur: Verträgt höchstens 5 °C; ideal sind 15 bis 25 °C.

▶ Der Blattdurchmesser kann bei älteren Pflanzen bis zu 1 m betragen. In Wintergärten wirkt die üppig wuchernde Pflanze exotisch.

Gießen: Blätter regelmäßig mit Regenwasser besprühen.
Düngen: Während der Wachstumsperiode sparsam mit Grün-
pflanzendünger versorgen.
Vermehren: Durch Samen und Stecklinge.
Umtopfen: Junge Pflanzen alle zwei Jahre im Frühling.
Schädlinge und Krankheiten: Eher selten. Die großen Blätter
zur Vorbeugung regelmäßig besprühen und abwaschen.

Gerbera

Barberton-Gerbera *Gerbera jamesonii*

Mehrjährige Pflanze mit stattlichen Blättern, über denen sich große Strahlenblüten erheben. Gerbera werden meist als Schnittblumen gezüchtet, neuerdings aber auch als Topfblumen in vielen Farben angeboten. Die ganze Pflanze wirkt luftreinigend.

Gerbera können im Sommer ins Freie gestellt werden; die Sonne tut ihnen gut und fördert die Blüte im Winter.

Allgemeine Merkmale
Familie: Asteraceae (Korbblütler).
Herkunft: Ursprünglich Transvaal, Afrika und Asien.
Lebensraum und Beschreibung: Im Transvaal wächst der Wildtyp der Gerbera und blüht in einem kräftigen, fast roten Gelborange. Die Blätter der Gerbera sind grundständig und rosettenförmig angeordnet. Die Blütenstiele sind lang und meist blattlos.

Abbau chemischer Schadstoffe
Gerbera binden eine Vielzahl von Giften, unter anderen Benzol, Trichloräthylen, Formaldehyd, Toluol und Kohlenmonoxid. Sie ist ganzjährig für die Wohnung geeignet.

Kultur und Pflege

Kultur: Nach der Blüte schwierig.

Standort: Hell bis sonnig.

Temperatur: 11 bis 22 °C.

Gießen: Während der Blüte stets feucht halten.

Düngen: Regelmäßig mit Blühpflanzendünger, um die Blüte zu fördern.

Vermehren: Grundständige Stecklinge von Seitentrieben. Vermehrung aus Samen ist Spezialisten vorbehalten.

Umtopfen: Das vertragen die Pflanzen nicht, deshalb besser vermeiden.

Schädlinge und Krankheiten: Weiße Fliegen und Läuse.

▼ Je mehr Sonne Ihre Pflanzen bekommen, desto üppiger blühen sie.

Gliederkaktus, Weihnachtskaktus

Schlumbergera russeliana, S. trunctata

Wegen der Schönheit seiner Blüten wurde der Gliederkaktus immer weiter gezüchtet, sodass heute verschiedene Hybriden in Rosa, Rot, Weiß und sogar in Gelb als Zimmerpflanzen angeboten werden. Da er mehrere Wochen lang blüht, entgiftet er und ziert zugleich die Wohnung.

Allgemeine Merkmale
Familie: Cactaceae (Kaktuspflanzen).
Herkunft: Südliches Brasilien. 1839 in Europa eingeführt.

Lebensraum und Beschreibung: In seiner natürlichen Umgebung wächst der Gliederkaktus auf Bäumen oder Felsen. Wie viele Aufsitzer-Orchideen verwertet auch der Kaktus organisches Material. Man findet ihn in Höhen bis zu 1 200 m, wo er an den Wechsel zwischen trockenen und feuchten Jahreszeiten angepasst ist.

Abbau chemischer Schadstoffe

Schlumbergera schluckt vor allem Formaldehyd (je nach Größe der Pflanze 3 bis 5 µg/h). Im oberirdischen Teil der Pflanze ist diese Aktivität allerdings begrenzt, vielmehr entgiftet die Pflanze die Luft mithilfe der Wurzeln und der Bodenbakterien.

Kultur und Pflege

Kultur: Mäßig anspruchsvoll.
Standort: Sehr hell, aber keine Südsonne, um erneute Blüte zu erreichen. Während der Vegetationsruhe im September und Oktober für Halbschatten sorgen.
Temperatur: Mindestens 0 °C; ideal sind 12 bis 22 °C.
Gießen: Regelmäßig. Zwei bis drei Wochen nach der Blüte reduzieren; ab Herbst vor der Blüte wieder erhöhen.
Düngen: In der Wachstumsphase mit Kakteendünger.
Vermehren: Stecklinge aus Sprossabschnitten.
Umtopfen: Nach der Vegetationsruhe frische Grünpflanzenerde auf der Oberfläche des Erdreichs ausbreiten.
Schädlinge und Krankheiten: Krankheiten sind selten. Auf Schildläuse achten. Ohne trockenere Phase gehen Wurzeln zugrunde.

Um üppigere Pflanzen zu erzielen, können diese Kakteen veredelt werden, indem man sie auf kleine Sprosse setzt.

◀ Das Umtopfen muss sorgfältig geschehen, um optimalen Schadstoffabbau zu gewährleisten.

Goldfruchtpalme

Madagaskar-Goldfruchtpalme
Chrysalidocarpus lutescens

Die hellgrünen fein gefiederten und leicht bogen- förmigen Wedel verleihen dieser Palme ihre besondere Eleganz. Der glatte Stamm erinnert an Bambus.
Die Goldfruchtpalme bindet zahlreiche Schadstoffe.

Zum guten Gedeihen benötigen die Goldfrucht- palmen eine hohe Luftfeuchtigkeit. Besprühen Sie die Blätter häufig oder stellen Sie einen Luftbe- feuchter auf.

Allgemeine Merkmale
Familie: Arecaceae (Palmengewächse).
Herkunft: Madagaskar, Komoren und nahe gelegene Gebiete.
Lebensraum und Beschreibung: Der Indische Ozean als das natürliche Umfeld dieser Palme bedingt ihre Bedürfnisse: schattiertes helles Licht, Luftfeuchtigkeit und gleichbleibende Wärme. In Freiheit wächst sie in dichten Gruppen und wird 10 bis 12 Meter hoch. In der Wohnung blüht sie sehr selten.

Abbau chemischer Schadstoffe
Der Größe von 1,50 bis 2,50 Meter entspricht die Kapazität des Schadstoffabbaus. Sie beträgt etwa 12 bis 18 µg/h für Xylol und 10 bis 20 µg/h für Toluol. Bei Formaldehyd und Benzol sind die gebundenen Mengen geringer.

Kultur und Pflege
Kultur: Mäßig anspruchsvoll.
Standort: Helles Licht ohne direkte Sonneneinstrahlung.
Temperatur: 15 bis 25 °C; 22 °C sind ideal.
Gießen: Erde ganzjährig leicht feucht halten. Im Winter und bei niedrigen Temperaturen sparsamer gießen. Kalkfreies Wasser (Regenwasser) verwenden.
Düngen: Wenig im Winter, im Sommer regelmäßig mit Pal- men- oder Grünpflanzendünger.
Vermehren: Durch Seitenschösslinge am Grund der Pflanze. Aussaat ist schwierig.
Umtopfen: Bei Pflanzen, die gut gedeihen, alle zwei bis drei

Jahre in Palmen- oder Grünpflanzenerde; schadhafte Wurzeln abtragen; bei großen Pflanzen die obere Erdschicht erneuern. **Schädlinge und Krankheiten**: Spinnmilben und trockene Blattspitzen.

▶ Das üppige Grün
der Goldfruchtpalme
bereichert jedes
Wohnzimmer.

Grünlilie, Grüner Heinrich

Chlorophytum comosum

> Die Sorten von *Chlorophytum* unterscheiden sich durch die Anordnung der hellen Streifen in den Blättern.

Zur Gattung *Chlorophytum* gehören mehrere Arten. Sie wachsen ganz charakteristisch horstatig mit schmalen, gebogenen, frischgrünen Blättern, die meist creme-farbene Ränder oder Mittelstreifen haben. Die Pflanzen bilden Ausläufer, an deren Enden kleine Blüten und neue Pflänzchen erscheinen (Kindel).

Allgemeine Merkmale

Familie: Anthericaceae (Grasliliengewächse).
Herkunft: Südafrika.
Lebensraum und Beschreibung: Immergrüne Staude mit langen Blättern und fleischigen Wurzeln. Herkunftsbedingt ist sie an Wechsel von trockenem und nassem Wetter gewöhnt.

▼ Die frechen Spitzen der Grünlilie passen perfekt ins Kinderzimmer.

Abbau chemischer Schadstoffe

Die ganze Pflanze samt Wurzeln und Knöllchen vermag Schadstoffe zu binden. Je nach Größe eliminiert sie 3 bis 10 µg/h

Formaldehyd. Innerhalb 24 Stunden baut sie 96 Prozent Kohlenmonoxid (CO) ab. Außerdem bindet sie Toluol, Benzol und Xylol.

Kultur und Pflege

Kultur: Einfach.
Standort: Gedeiht auch unter schwierigen Bedingungen, von sehr hell bis schattig.
Temperatur: 8 bis 30 °C.
Gießen: Bei warmem Wetter braucht sie viel Wasser.
Düngen: Grünpflanzendünger während der Wachstumszeit. Vegetationsruhe im Winter: nicht düngen, wenig gießen.
Vermehren: Durch Kindel oder Teilung der Pflanze.
Umtopfen: Wenn die Pflanze aus dem Topf wächst oder trockene Blätter bekommt.
Schädlinge und Krankheiten: Wenig krankheitsanfällig. Mag keine Überschwemmung mit Wasser.

▲ Grünlilien sind äußerst anspruchs-los und eignen sich durch ihren attraktiven Nach-wuchs auch als Hängepflanze.

◀ Der rote Neuaustrieb
sowie die rötliche Mit-
telrippe sind ein schöner
Kontrast zu den glän-
zend grünen Blättern.

Gummibaum

Ficus elastica

Wenn Sie den Gummibaum, der eigentlich einen geraden Stamm hat und sich wenig verzweigt, regelmäßig zurückschneiden, wächst er zu einem hübschen Strauch heran. Typisch sind die großen glatten, glänzenden Blätter.

Allgemeine Merkmale
Familie: Moraceae (Maulbeergewächse).
Herkunft: Tropisches Asien.
Lebensraum und Beschreibung: In den feuchten tropischen Gebieten wird dieser prächtige Baum mit den winzigen Blüten oft mehr als 30 Meter hoch. Aus dem beliebten *Ficus elastica* wurden zahlreiche Sorten gezüchtet, einige weiß oder gelb panaschiert, andere rotblättrig mit roter Mittelrippe.

Abbau chemischer Schadstoffe
Unter den Gummibäumen zeigt *Ficus elastica* eine besonders effektive Leistung beim Entgiften von Formaldehyd. Deswegen sollte man ihm in einem neuen Haus oder nach Renovierungsarbeiten den Vorzug geben.

Kultur und Pflege
Kultur: Sehr einfach.
Standort: Hell bis sonnig (keine Südsonne).
Temperatur: Im Winter mindestens 10 °C; ideal sind ganzjährig 18 bis 22 °C.
Gießen: Mäßig, bei niedrigen Temperaturen selten.
Düngen: In der Wachstumsphase mit Grünpflanzendünger.
Vermehren: Stecklinge in feucht-warme Erde.
Umtopfen: Im Frühjahr in Grünpflanzenerde; bei zu großen Pflanzen die obere Erdschicht austauschen.
Schädlinge und Krankheiten: Spinnmilben und Schildläuse. Bei zu reichlichem Gießen lässt die Pflanze die Blätter fallen.

Der weiße klebrige Saft, der aus Verletzungen der Pflanze sickert, ist giftig und hautreizend. Waschen Sie sich die Hände. Das Aussickern des Saftes kann durch Besprühen der Stelle mit Wasser gestoppt werden.

▼ Die 30 bis 40 cm großen Blätter fördern den Gasaustausch, der zur Entgiftung beiträgt.

Kentiapalme, Howeapalme

Howea forsteriana

Kentiapalmen zählen zu den ältesten Zimmerpflanzen. Man pflanzt sie zu zwei, drei oder fünf Exemplaren in einen Topf, um einen üppigeren Eindruck zu erreichen. Die Wurzeln sind beachtlich und absorbieren aktiv Schadstoffe.

> Im Laufe der Jahre kann diese Pflanze einen attraktiven Stamm bilden.

Allgemeine Merkmale

Familien: Arecaceae (Palmengewächse).
Herkunft: Inseln Ozeaniens.
Lebensraum und Beschreibung: Die Kentiapalme liebt Licht und leichten Wind. Warme Regen im Sommer behagen ihr. Für sie ist das ozeanische Klima ideal. Diese Palmen mit dem einzelnen, von Fasern überzogenen Stamm wachsen im Halbschatten unter hohen Bäumen.

Abbau chemischer Schadstoffe

Benzol, Hexan, Formaldehyd und alle flüchtigen Schadstoffe werden von sämtlichen Teilen dieser Palme abgebaut.

Kultur und Pflege

Kultur: Mäßig anspruchsvoll.
Standort: Hell; direkte Sonne verbrennt die Pflanze.
Temperatur: Mindestens 12 °C; ideal sind 18–22 °C.
Gießen: Großzügig während des Wachstums neuer Triebe, im Winter sparsamer.
Düngen: Während des Wachstums mit Grünpflanzendünger; oberste Erdschicht regelmäßig austauschen.
Vermehren: Durch Samen in warmen Kästchen bei 27–30 °C.
Umtopfen: Alle zwei Jahre im Frühling in Palmen- oder Grünpflanzenerde.
Schädlinge und Krankheiten: Um Befall durch Schildläuse und Spinnmilben zu verhüten, duscht man die Kentiapalme im Sommer draußen ab oder stellt sie in lauwarmen Regen.

▼ Diese Palmen verleihen jedem Raum einen exotischen Touch.

▶ Die Pflanze für
unerfahrene Hobby-
gärtner. Vorsicht:
nicht essbar, giftig!

Kletternder Philodendron

Philodendron hederaceum var. hederaceum

Der Kletternde Philodendron ist sehr verbreitet. Die robuste Pflanze nimmt auch Fehler von Anfängern nicht übel. Sie kann an einer Stütze angeleitet werden oder als Ampelpflanze ihre Triebe und Blätter herabhängen lassen. Schadstoffe vermag sie bei Halbdunkel bis Halbschatten zu binden.

Der Kletternde Philodendron ist eine der ältesten bei uns eingeführten und gezüchteten Pflanzen.

Allgemeine Merkmale
Familie: Araceae (Aronstabgewächse).
Herkunft: Mittelamerika; 1793 in Europa eingeführt.
Lebensraum und Beschreibung: In den dichten tropischen Wäldern klettert die Pflanze an den Bäumen hoch oder kriecht über den Boden. Die wuchsfreudigen herzförmigen Blätter sitzen an dünnen, sehr biegsamen Stielen. Die Pflanzen können über 6 Meter lang werden. In der Wohnung kommen sie nicht zur Blüte.

Abbau chemischer Schadstoffe
Die gesunde Pflanze eliminiert Formaldehyd, je nach Größe etwa 2 µg/h. Da sie sehr anpassungsfähig ist, gedeiht sie auch an heiklen und dunklen Standorten.

Kultur und Pflege
Kultur: Sehr leicht.
Standort: Mäßig hell bis hell; Sonne verbrennt die Blätter.
Temperatur: 18 bis 25 °C.
Gießen: Ganzjährig regelmäßig.
Düngen: Sehr sparsam mit Grünpflanzendünger, etwas mehr während der Wachstumsphase.
Vermehren: Triebstecklinge.
Umtopfen: Junge Pflanzen alle zwei Jahre im Frühling.
Schädlinge und Krankheiten: Spinnmilben, Schildläuse. Bei zu verdichteter Erde kommt es zu Blattverlust.

Klumpstamm, Elefantenfuß

Ponyschwanz-Klumpstamm
Beaucarnea recurvata

Die Gattung Beaucarnea zählt etwa 30 Arten: Sträucher mit einzelnem aufrechten Stamm, der wie gemeißelt wirkt. Die knollig verdickte Basis erinnert an eine Kolbenflasche. Der Abbau von Schadstoffen geschieht hauptsächlich über die Wurzeln in Verbindung mit dem Erdreich.

Allgemeine Merkmale
Familie: Agavaceae (Agavengewächse).
Herkunft: Halbwüsten Südamerikas, Honduras, Guatemala.
Natürlicher Lebensraum und Beschreibung: In ihrer Heimat ist der Klumpstamm abwechselnd Regenfällen und ziemlich ausgedehnten Trockenperioden ausgesetzt. Die schmalen ledrigen Blätter sind an die Trockenheit angepasst. Nur selten bekommt die Pflanze weiße Blüten.

Abbau chemischer Schadstoffe
Der Klumpstamm bindet die Gifte Formaldehyd, Trichloräthylen, Benzol und Ammoniak.

Kultur und Pflege
Kultur: Einfach.
Standort: Sonnig.
Temperatur: Im Winter kühl, im Sommer warm; 5 bis 25 °C.
Gießen: Bis zum nächsten Gießen trocknen lassen. Im Winter sparsam gießen.
Düngen: Mit Kakteendünger.
Vermehren: Schwierig, hauptsächlich über Samen.
Umtopfen: Je nach Wachstum alle drei bis fünf Jahre in große, relativ niedrige Töpfe und Kakteenerderde.
Schädlinge und Krankheiten: Krankheiten treten selten auf. Eventuell Spinnmilben und Wollläuse.

Wenn der Stamm dünner wird, ist das ein Zeichen für schlechte Lebensbedingungen: zu viel Wasser und Dünger oder zu wenig Licht.

◀ Der poröse Stamm der *Beaucarnea* wirkt wie ein Speicherorgan, sodass mehrere Wochen nicht gegossen werden muss.

Kolbenfaden

Aglaonema commutatum 'Silver Queen'

Manche der von einer Scheide umschlossenen Blüten verströmen einen zarten Duft.

Der dekorative Kolbenfaden entwickelt längliche lanzenförmige Blätter, die silbergrau oder blassgrün panaschiert sind. Die Sorte 'Silver Queen' hat graugrün-silbergrau panaschierte Blätter. Die bei älteren Pflanzen erscheinenden Blüten gleichen denen des Aronstabs. Sogar im Schatten wirkt *Aglaonema* stark schadstoffabbauend.

Allgemeine Merkmale

Familie: Araceae (Aronstabgewächse).
Herkunft: Philippinen; 1863 nach Europa gelangt.
Natürlicher Lebensraum und Beschreibung: Die krautige Staude ist in den tropischen Wäldern des Fernen Ostens zu Hause; sie wächst langsam im Schatten großer Bäume. Kolbenfaden bildet Gruppen von Blättern mit langen Blattstielen, die unmittelbar aus dem Rhizom wachsen.

Abbau chemischer Schadstoffe

Alle Teile der Pflanze wirken entgiftend: Wurzeln, Stiele und Blätter. Sie schlucken vor allem Formaldehyd: 5 bis 10 µg/h je nach Größe, außerdem geringere Mengen von Benzol.

▶ Die dekorative und robuste *Aglaonema* ist ideal für unerfahrene Hobbygärtner.

Kultur und Pflege

Kultur: Einfach.

Standort: Schatten und Halbschatten. Verträgt keine direkte Sonne.

Temperatur: Ideal sind 15 bis 25 °C. Verträgt bis zu 10 °C.

Gießen: Pflanze vor allem im Winter nicht zu feucht halten. Im Sommer Blätter besprühen.

Düngen: Während der Wachstumsphase im Frühjahr und Sommer mit Grünpflanzendünger düngen.

Vermehren: Kopfstecklinge oder Wurzelausschläge an der Basis der Pflanzen abtrennen.

Umtopfen: Wenn die Pflanze über den Topf hinauswächst.

Schädlinge und Krankheiten: Wird leicht von Schildläusen befallen. Zu viel Feuchtigkeit kann Grauschimmel (Botrytis) fördern.

▼ Der Kolbenfaden eignet sich gut für lichtärmere Standorte.

Kroton, Wunderstrauch

Codiaeum variegatum

Der weiße Saft, der bei der geringsten Verletzung der Pflanze austritt, ist giftig und hautreizend.

Auf einer Veranda setzt Kroton mit seinem auffallenden Laub zwischen anderen Pflanzen schöne Akzente, sofern Luftfeuchtigkeit und Temperatur konstant sind. Bei vielen gilt diese etwas schwierige Pflanze, die Schadstoffe gut abbaut, als kurzlebig.

Allgemeine Merkmale

Familie: Euphorbiaceae (Wolfsmilchgewächse).
Herkunft: Tropische Wälder Südostasiens, Pazifikinseln, Malaysia.
Lebensraum und Beschreibung: Das grüne Laub der Pflanze schmückt sich mit allen Farbschattierungen zwischen Rot und Gelb, gefleckt, gestreift oder marmoriert. Die Blätter können regelmäßig, breit, schmal, gezähnt und gelegentlich spiralig sein. Die Blüten sind unauffällig. Wird die Pflanze kräftig zurückgeschnitten, dann bildet sie mit der Zeit kleine Büsche.

Abbau chemischer Schadstoffe

Der Wunderstrauch beseitigt hauptsächlich Formaldehyd, je nach Größe der Pflanze 2 bis 6 μg in der Stunde.

Kultur und Pflege

Kultur: Anspruchsvoll.

Standort: Sehr hell ohne direkte Sonne; schöne Färbung braucht sehr helles Licht.

Temperatur: Mindestens 16 °C, ideal sind gleichbleibend 20 bis 30 °C.

Gießen: Erde stets feucht halten, Blätter besprühen. Sie fallen ab, wenn die Pflanze Durst hat.

Düngen: Regelmäßig mit Grünpflanzendünger.

Vermehren: Kopfstecklinge in warmem Boden unter Folie bewurzeln lassen.

Umtopfen: Alle zwei bis drei Jahre im Frühjahr in Grünpflanzenerde. Jährlich obere Erdschicht austauschen.

Schädlinge und Krankheiten: Bei trockener Luft tritt Rote Spinne auf; Schildläuse.

▼ Der Wunderstrauch überzeugt durch seine attraktiven Blattfärbungen.

Palmfarn, Cycas

Japanischer Sagopalmfarn *Cycas revoluta*

**Sehr alte Pflanze, die wie eine Palme aussieht und
(in etwa 80 Jahren!) 2,50 bis 3 Meter hoch werden kann.
Über dem kurzen Stamm erhebt sich ein Schopf aus
leicht gebogenen Palmblättern.**

Allgemeine Merkmale

Familie: Cycadaceae (Palmfarngewächse).

Herkunft: Südostasien.

▼ Sie können
Ihren Palmfarn im
Sommer ins Freie
stellen.

Lebensraum und Beschreibung: Cycas sind echte lebende
Fossilien, die letzten Repräsentanten primitiver Arten des
Mesozoikum. Gelegentlich findet man sie wildwachsend in
Parks oder in Kübeln. Sie können sehr alt werden.

Abbau chemischer Schadstoffe

Der Sagopalmfarn bindet Xylol, Toluol, Formaldehyd und Kohlenmonoxid. Er kann in jedem Zimmer stehen.

Kultur und Pflege

Kultur: Einfach.

Standort: Hell bis sonnig. Pflanze im Sommer ins Freie stellen.

Temperatur: Ideal sind 5 bis 28 °C; bis −10 °C werden kurzfristig vertragen.

Gießen: Im Sommer regelmäßig; im Winter vor dem nächsten Gießen trocknen lassen.

Düngen: Regelmäßig und sparsam vom Frühjahr bis in den Sommer mit Palmendünger.

Vermehren: Für Hobbygärtner schwierig.

Umtopfen: Alle drei bis vier Jahre im Frühling in eine Mischung aus Gartenerde und Sand zu mindestens gleichen Teilen.

Schädlinge und Krankheiten: Wenig anfällig.

Cycas mögen keine extreme Wärme. In Gegenden mit mildem Klima und seltenem Frost können sie im Freien überwintern.

▼ Den dicken Stamm schützen spiralförmig angeordnete dunkle Schuppen.

Peruanischer Säulenkaktus

Cereus repandus

Im Topf wächst dieser Kaktus schnell. Ältere Exemplare können duftende weiße Blüten bilden, die aber nach einer Nacht verwelken.

Der Name *Cereus* bedeutet Wachs und kommt von der dicken Wachsschicht (Kutikula), die diese Kakteen überzieht und vor Wasserverlusten schützt.

Allgemeine Merkmale
Familie: Cactaceae (Kaktusgewächse).
Herkunft: Halbwüsten Süd- und Zentralamerikas.
Lebensraum und Beschreibung: Semiaride Regionen sind die Heimat der Gattung *Cereus*. Der zigarrenförmige Kaktus kann 5 bis 6 Meter hoch werden. Der bläuliche Stamm zeigt fünf bis neun Längsrippen, deren Kanten mit Areolen von Dornen besetzt sind. Eine Varietät weist zerklüftete Formen auf (*C. repandus* var. *monstruosa*) und ähnelt einem Felsen.

Abbau chemischer Schadstoffe
Zahlreiche Untersuchungen von Wissenschaftlern aus der Schweiz und Amerika belegen, dass dieser Kaktus Beschwer-

▶ Die eindrucksvolle Varietät *Monstruosa* wächst langsam, behält aber ihre Fähigkeit, vor elektromagnetischen Wellen zu schützen.

den mildert, die durch Wellen und Strahlen von elektroni-
schen Geräten wie Laptops, Rechnern oder Mikrowellen verursacht werden.

Kultur und Pflege

Kultur: Einfach.

Standort: Volle Sonne.

Temperatur: Mindestens 5 °C; verträgt trockene Wärme und
im Winter niedrige Temperaturen von 8 bis 10 °C.

Gießen: Im Frühjahr und im Sommer kontinuierlich, die Erde
dazwischen immer austrocknen lassen. Im Winter trocken halten, das fördert die Blüte.

Düngen: Kakteendünger während des Wachstums.

Vermehren: Samen oder Stecklinge; warme Bedingungen.

Umtopfen: Alljährlich im Frühling, in Kakteenerde. Bei großen Pflanzen obere Erdschicht erneuern.

Schädlinge und Krankheiten: Alle Schildläuse. Bei zu viel
Feuchtigkeit fault die Pflanze.

▶ Die aufrechte
Wuchsform von
Kakteen passt gut
in moderne Räume.

Pfeilwurz

Bunte Pfeilwurz *Maranta leuconeura*

Maranta gehört wie die *Calathea* zu den Pfeilwurz-gewächsen und wird oft mit ihr verwechselt.
Die krautige Rhizompflanze hat gemusterte farbige Blätter. Die unscheinbaren Blüten sind als Zierde nicht interessant. *Maranta* eignet sich als Schadstoffschlucker für dunklere Räume.

In den Tropen wird *Maranta arundinacea* (Echte Pfeilwurz) wegen ihrer stärkehaltigen Wurzelstöcke angebaut.

Allgemeine Merkmale
Familie: Marantaceae (Pfeilwurzgewächse).
Herkunft: Brasilien.
Lebensraum und Beschreibung: Die krautige Pflanze aus dem dunklen Unterholz mag feuchten Boden und feuchte Luft. Wie das Gefieder eines exotischen Vogels behält sie auch im Schatten ihre lebhaften Farben.

Abbau chemischer Schadstoffe
Sowohl mit den Wurzeln, dem Boden als auch mit dem Laub bindet *Maranta* pro Stunde 3 µg Formaldehyd. Nachts und bei trockener Luft rollt die Pflanze ihre Blätter zusammen.

◀ Pflanzen, die Schatten vertragen, wie die *Maranta*, passen sich perfekt an dunklere Standorte an.

Kultur und Pflege

Kultur: Mäßig anspruchsvoll.
Standort: Schattig bis hell. Direkte Sonne verbrennt die Blätter.
Temperatur: 18 bis 25 °C, hohe Luftfeuchtigkeit.
Gießen: Regelmäßig; nicht austrocknen lassen.
Dünger: Sparsam mit Grünpflanzendünger düngen, nur in der Wachstumsphase.
Vermehren: Durch Stecklinge oder Teilen einer Pflanze.
Umtopfen: Im Frühling mit Grünpflanzendünger.
Schädlinge und Krankheiten: Sehr selten. Probleme entstehen am ehesten durch kalkhaltiges Wasser, trockene Luft (Rote Spinne) und direkte Sonne.

▲ Pfeilwurz besticht durch ihre spektakuläre Blattzeichnung.

Phalaenopsis, Schmetterlingsorchidee

Phalaenopsis-Sorten

Der Name *Phalaenopsis* beruht auf der Ähnlichkeit mit einem Falter namens *Phalaena*.

Unzählige Züchtungen dieser Orchidee haben die Gattung zu einer der beliebtesten Zimmerpflanzen gemacht, sodass sie ständig in vielen Farben blühend erhältlich ist. Unschätzbar ist neben ihrer Schönheit die Fähigkeit, die Zimmerluft zu reinigen. Unter guten Bedingungen blühen diese Orchideen, die an Schmetterlinge erinnern, monatelang.

Allgemeine Merkmale

Familie: Orchidaceae (Orchideengewächse).
Herkunft: Tropisches Asien, Java, Philippinen; 1850 nach Europa eingeführt.
Lebensraum und Beschreibung: Epiphytisch wachsende Pflanze mit großen glatten Blättern, wächst vor Sonne geschützt auf Bäumen, lebt von organischem Material und Tau. An den verzweigten Stängeln sitzen locker traubig oder rispig die Blüten.

Abbau chemischer Schadstoffe

Phalaenopsis wirkt zwar nicht ausgeprägt entgiftend, trägt aber durch ihre Schönheit maßgeblich zu unserem Wohlbefinden bei. Sie schluckt dennoch geringe Mengen an Formaldehyd und Xylol.

Kultur und Pflege

Kultur: Mäßig anspruchsvoll.
Standort: Hell, wenig Sonne; im Winter nah ans Fenster stellen.
Temperatur: Stets über 20 °C bei guter Luftfeuchtigkeit.
Gießen: Oberfläche des Topfes und die Wurzeln besprühen.

Wird das vergessen, tauchen Sie den Topf in lauwarmes Regenwasser und lassen ihn anschließend abtropfen.

Düngen: Schwach dosierten Orchideendünger im Gießwasser auflösen, Pflanze damit besprühen.

Vermehren: Möglich durch kleine Ableger, sogenannte Keikis, die am Stängel entstehen können.

Umtopfen: Alle zwei bis drei Jahre während der Ruhezeit; gute Orchideenerde verwenden.

Schädlinge und Krankheiten: Schildläuse; infizierte Stellen mit Kernseifenlösung bepinseln. Wenn die Pflanze fault, stand sie mit den Füßen im Wasser oder war Kälte ausgesetzt.

▶ Führen Sie neue Blütentriebe Ihrer Phalaenopsis behutsam an Stäben nach oben.

Philodendron, Baumfreund

Baum-Philodendron *Philodendron bipinnatifidum* und *P. latifolium*

Der Baum-Philodendron zählt nicht zu den kletternden Arten. Mit den Jahren bildet er einen attraktiven gedrungenen Stamm und kann mehr als 3 Meter hoch werden.

> Die Blätter der jungen Pflanzen sind eher glattrandig. Erst im Laufe von zwei bis drei Jahren bekommen sie die stark gelappte Form.

Allgemeine Merkmale
Familie: Araceae (Aronstabgewächse).
Herkunft: Tropisches Südamerika, Brasilien.
Lebensraum und Beschreibung: Der Baum-Philodendron stammt aus den tropischen Wäldern und wächst dort im feuchten Unterholz. Die ledrigen stark fiederteiligen Blätter sitzen an langen gebogenen Stielen in unterschiedlichen Formen. Sie stehen büschelartig über dem Stamm.

◀ Philodendron eignen sich besonders gut für Hydrokultur.

Abbau chemischer Schadstoffe
Die großen Blätter verdunsten stark und befeuchten die Raumluft regelmäßig mit gereinigtem Wasser. Die Pflanze bindet Formaldehyd.

Kultur und Pflege
Kultur: Einfach.
Standort: Hell bis halbschattig; Sonne verbrennt die Blätter.
Temperatur: Mindestens 13 °C; ideal sind 18 bis 25 °C.
Gießen: Während der Wachstumszeit Erde und Luft feucht halten; im Winter einschränken.
Düngen: Nicht im Winter düngen.
Vermehren: Endständige Stecklinge vom Wurzelstock abtrennen und neu pflanzen; abmoosen.
Umtopfen: In grobe Grünpflanzenerde, denn die Wurzeln müssen im Frühjahr belüftet werden.
Schädlinge und Krankheiten: Blätter mit Regenwasser abwaschen, um Schildläusen und Spinnmilben vorzubeugen.

Rotblättriger Philodendron

Philodendron erubescens 'Red Emerald'

Die länglich-herzförmigen Blätter sind an der Oberseite
dunkelgrün, an der Unterseite purpurfarben. Auch die
Knospen und Stängel sind rot. Oft wird die Pflanze an
einer moosumwickelten Rankhilfe gezogen, damit die
Luftwurzeln besseren Halt finden. Unter den Philoden-
dren ist dieser beim Schadstoffabbau am tüchtigsten.

Das Wort *Philoden-dron* hat griechische Wurzeln: *phileo* (lieben) und *dendron* (Baum) sind ein Hinweis auf die Beziehung zwischen der Pflanze und ihrer Rankhilfe.

Allgemeine Merkmale
Familie: Araceae (Aronstabgewächse).
Herkunft: Tropisches Kolumbien; 1854 in Europa eingeführt.
Lebensraum und Beschreibung: Die Wildform wächst in
feuchten Wäldern gegen Sonne geschützt an großen Bäumen
empor. Die rote Färbung wirkt überaus attraktiv.

Abbau chemischer Schadstoffe
Der Rotblättrige Philodendron eliminiert Formaldehyd und
Trichloräthylen.

▶ Große Pflanzen
vertragen sich gut
mit Farnen, Orchi-
deen und anderen
Aufsitzerpflanzen.

Kultur und Pflege

Kultur: Ideal für unerfahrene Hobbygärtner.

Standort: Schattig bis hell, indirektes Licht.

Temperatur: Kurzfristig nicht unter 8 °C; ideal sind ganz-jährig 15 bis 25 °C.

Gießen: Mäßig, aber regelmäßig während des ganzen Jahres.

Düngen: Hauptsächlich im Sommer während der Wachstums-phase.

Vermehren: Triebstecklinge mit wenig Blättern.

Umtopfen: Nur junge Pflanzen, alle zwei bis drei Jahre im Frühling. Bei alten Pflanzen die obere Erdschicht mit frischer Grünpflanzenerde austauschen.

Schädlinge und Krankheiten: Sehr selten. Blätter regel-mäßig abwaschen, das erspart manchen Ärger.

Rutenpalme, Steckenpalme

Hohe Steckenpalme *Rhapis excelsa*

Die stark entgiftenden, langsam wachsenden Palmen schmücken sich mit dunkelgrünen fächerförmigen Blättern. Aus dem Wurzelstock erheben sich starre Sprosse, die an Bambus erinnern. Sie sind von faseriger Rinde bedeckt.

Allgemeine Merkmale
Familie: Arecaceae (Palmengewächse).
Herkunft: Südchina, Japan, Korea.
Lebensraum und Beschreibung: Diese Palme wächst im feuchten schattigen Unterholz. Im Süden Chinas schaffen die reichen Regenfälle eine anhaltend feuchte Umgebung. Die hellgelben Blütenrispen halten sich sehr lange.

Abbau chemischer Schadstoffe
Die Hohe Steckenpalme wirkt deutlich entgiftend. Sie eliminiert stündlich 20 µg Ammoniak. Auch Formaldehyd und Xylol nimmt sie auf und bindet dabei täglich einige Mikrogramm – zu unserem Besten.

Kultur und Pflege
Kultur: Einfach; ideale Anfängerpflanze.
Standort: Schattig bis sehr hell, nur im Winter volle Sonne; im Sommer ins Freie stellen.
Temperatur: 7 bis 25 °C.
Gießen: Im Sommer regelmäßig, im Winter zurückhaltend.
Düngen: Während des Wachstums mit Palmendünger.
Vermehren: Durch Samen sehr schwierig; besser Stecklinge aus Wurzeltrieben gewinnen.
Umtopfen: Alle zwei Jahre im Frühling; Rhapis mag eher kleinere Töpfe.
Schädlinge und Krankheiten: Schildläuse. Vertrocknete Blätter infolge zu starken Gießens oder zu trockener Luft.

In Japan wird die Rutenpalme seit Jahrhunderten kultiviert und gilt dort als Glücksbringer. Wegen ihres langsamen Wachstums könnte man sie für einen natürlichen Bonsai halten.

◀ In der Wohnung entfaltet die Steckenpalme ihre segensreiche Wirkung; ihre sattgrünen Blätter zeigen: Die Pflanze ist gesund.

◀ In modernen
Pflanzgefäßen
erlebt der Bogen-
hanf gerade eine
Renaissance.

Sansevierie, Bogenhanf

Schwiegermutterzunge *Sansevieria trifasciata*

Der Bogenhanf wächst aus einem dicken Wurzelstock. Die schwertförmigen, steif aufrecht stehenden Blätter werden 80 bis 100 cm hoch. Sie sind dunkelgrün-silbrig oder quer gelb gestreift, die Blattränder sind oft cremefarben.

Die Arten mit zylindrischen blauen Blättern oder die dunkelgrünen Arten reinigen gleichermaßen die Luft.

Allgemeine Merkmale
Familie: Dracaenaceae (Drachenbaumgewächse).
Herkunft: Tropische Trockengebiete Afrikas, Äthiopien, Indien; *Sansevieria* ist 1690 nach Europa gelangt.
Lebensraum und Beschreibung: Wächst in trockenen Klimaten, deren Temperatur ständig über 15 °C liegt, unter verstreuten Bäumen und überlebt in magerer Erde. Die zahlreichen Arten entwickeln zylindrische Blätter, in flachen Rosetten und Schattierungen von grün-gelb und grau-blau.

Abbau chemischer Schadstoffe
Sansevierien schlucken kleinere Mengen von Trichloräthylen, Benzol, Toluol, Xylol und Formaldehyd (3 µg/h).

▼ Wählen Sie aus dem breiten Sortiment Ihre Lieblingsform.

Kultur und Pflege
Kultur: Sehr leicht, gute Anfängerpflanze.
Standort: Mäßig hell bis hell (keine Südsonne).
Temperatur: Mindestens 10 °C; ideal sind 18 bis 30 °C; trockene Luft.
Gießen: Stetig, aber sparsam, sonst faulen die Wurzeln.
Düngen: Sehr zurückhaltend mit Kakteendünger.
Vermehren: Wurzelstock teilen oder 5 bis 8 cm lange Blattstecklinge schneiden.
Umtopfen: Im Frühjahr in Kakteenerde. Bei alten Pflanzen obere Erdschicht ersetzen.
Schädlinge und Krankheiten: Sehr selten; Rüsselkäfer können die Blattränder annagen.

Schefflera, Strahlenaralie

Queensland-Strahlenaralie
Schefflera actinophylla

Damit die Schefflera strauchartig und gedrungen wächst, schneidet man sie rechtzeitig zurück. Aus dem Schnittgut können Sie Stecklinge gewinnen.

Die Schefflera ist wegen ihres glänzend grünen Laubs und ihrer deutlichen Entgiftungsaktivität beliebt. Die Blätter sind meist aus sieben länglichen Fiedern zusammengesetzt. Die Sprosse wachsen in dichten aufrechten Büscheln.

Allgemeine Merkmale

Familie: Araliaceae (Araliengewächse).
Herkunft: Polynesien, Australien, Neuguinea.
Lebensraum und Beschreibung: In ihrer Heimat ist die Schefflera ein 25 bis 30 Meter hoher Baum, der den Schwankungen der Niederschlagsmenge und der Luftfeuchtigkeit ausgesetzt ist.

▶ Schefflera zeichnen sich durch ihre Robustheit und schnelles Wachstum aus.

Abbau chemischer Schadstoffe

Wie gründlich die Schefflera entgiftet, hängt von ihrer Gesundheit und einem sehr hellen Standort ab. Sie kann stündlich bis zu 10 µg Formaldehyd schlucken. Auch Xylol und Benzol werden gleichmäßig aufgenommen.

Kultur und Pflege

Kultur: Mäßig anspruchsvoll.

Standort: Hell bis halbschattig; Pflanzen im Sommer unter einem Baum ins Freie stellen.

Temperatur: Mindestens 12 °C; ideal sind 18 bis 25 °C.

Gießen: Im Sommer regelmäßig, im Winter sparsamer; Blätter regelmäßig besprühen.

Düngen: Im Frühjahr obere Erdschicht durch frische Grünpflanzenerde ersetzen.

Vermehren: Durch Samen; Stecklinge zu bewurzeln ist ziemlich schwierig und gelingt unter Folie mit warmer Erde.

Umtopfen: Junge Pflanzen alle zwei Jahre im Frühling.

Schädlinge und Krankheiten: Bei trockener Luft Schildläuse und Spinnmilben. Blattverlust bei erhöhtem Gießen oder Kälteschock.

Schwertfarn

Aufrechter Schwertfarn *Nephrolepis exaltata*

Seit dem 19. Jahrhundert ist der Schwertfarn sehr beliebt. Zahlreiche neue Züchtungen haben uns Arten mit besonders dekorativen Blättern beschert. Je mehr Blattmasse vorhanden ist, desto höher ist die Reinigungswirkung.

Allgemeine Merkmale
Familie: Nephrolepidaceae (Schwertfarngewächse).
Herkunft: Tropische Gegenden in Afrika, Amerika und Asien.
Lebensraum und Beschreibung: Terrestrisch (Erdfarne) oder aufsitzend (Epiphyten) lebend. Die Pflanzen benötigen eine hohe Luftfeuchtigkeit. Die Arten unterscheiden sich durch die Form ihrer aufrechten oder hängenden Wedel.

Abbau chemischer Schadstoffe
Dieser Farn zählt zu den besonders gut entgiftenden Pflanzen. Er bindet beachtliche Mengen Formaldehyd und Xylol. Wenn er regelmäßig besprüht wird, nimmt die Luftfeuchtigkeit in den Zimmern zu und die Luft wird gesünder.

Kultur und Pflege
Kultur: Mäßig anspruchsvoll.
Standort: Hell, wenig Sonne.
Temperatur: Mindestens 10 °C; ideal sind 15 bis 21 °C.
Gießen: Erde muss ständig feucht bleiben. Blätter möglichst oft besprühen.
Düngen: Im Sommer Blattdünger geben.
Vermehren: Wurzelsprosse abtrennen oder Pflanze teilen.
Umtopfen: Zu große Pflanzen im Frühjahr umtopfen. In eine Mischung auf Moorbeeterde-Basis setzen.
Schädlinge und Krankheiten: Läuse, Schildläuse. Bei zu trockener Luft fallen einzelne Blätter ab.

Die großen Wedel mancher Farne werden bis zu 1,50 m lang. Sie bilden sehr attraktive, herabhängende Kugeln aus Laub, die zugleich Ihre Wohnung entgiften.

◄ Der Schwertfarn freut sich über feuchte Luft im Bad.

◄ Spathyphyllum ist
äußerst robust und
verträgt auch etwas
dunklere Standorte.

Spathiphyllum, Blattfahne

Spathiphyllum-Sorten

Pflanzen der Gattung *Spathiphyllum* sind sehr beliebt, weil sie üppig und ausdauernd blühen und dekoratives Laub haben. Sie sind ausgewiesene Meister im Reduzieren von Schadstoffen.

Allgemeine Merkmale
Familie: Araceae (Aronstabgewächse).
Herkunft: Tropisches Amerika und Asien; Züchtungen.
Lebensraum und Beschreibung: Ausdauernde krautige Rhizompflanze, die im 19. Jahrhundert nach Europa gelangte. Sie wächst horstig mit dichten, glänzend grünen länglichen Blättern. Die weißen, später grünlich schimmernden Blütenscheiden (Spatha) umgeben halbkreisförmig den ebenfalls cremeweißen oder grünen Blütenkolben (Spadix). Der Pflanzensaft enthält giftiges Kalziumoxalat.

Abbau chemischer Schadstoffe
Die Blätter von Spathiphyllum reinigen die Luft sehr gründlich von bestimmten Giften. So absorbieren sie je nach Größe und Vitalität stündlich 5 bis 15 µg Formaldehyd. Auch Xylol, Toluol, Ammoniak, Alkohole, Aceton, Trichloräthylen und Benzol werden rasch abgebaut.

Kultur und Pflege
Kultur: Einfach.
Standort: Hell bis schattig.
Temperatur: 18 bis 25 °C.
Gießen: Nicht austrocknen lassen; Blätter besprühen.
Düngen: In der Wachstumsphase Blühpflanzendünger geben.
Vermehren: Im Herbst und im Winter Pflanzen teilen.
Umtopfen: Im Frühjahr, alle drei bis fünf Jahre.
Schädlinge und Krankheiten: Thripse, Spinnmilben, Wurzelfäule.

> **!** Wenn die Blätter von Spathiphyllum herabhängen, hat die Pflanze Durst. Bedecken Sie die obere Erdschicht im Topf mit Moos, um ein Austrocknen zu verhindern.

Streifenfarn

Vogel-Nestfarn *Asplenium nidus*

Aus einem einzigen Rhizom wachsen zahlreiche große glattrandige hellgrüne Blätter aufwärts. Sie bilden einen Trichter, der über 1 Meter hoch werden kann. Die Blätter nehmen Schadstoffe aus der Luft auf.

Allgemeine Merkmale

Familie: Aspleniaceae (Streifenfarngewächse).
Herkunft: Tropische Gebiete, Wälder in Indien, Australien und Afrika.
Lebensraum und Beschreibung: Im Regenwald wächst der Farn am Boden oder auf Bäumen und ist sehr langlebig. Sein glänzendes Laub mit den dicken rotbraunen zentralen Blatt-adern wirkt sehr robust.

▼ Durch seine große Blattoberfläche reinigt dieser Farn die Luft.

Abbau chemischer Schadstoffe

Große wuchsfreudige Pflanzen binden besonders viel Formaldehyd und Ammoniak: 2 bis 5 µg/ Stunde.

Kultur und Pflege

Kultur: Mäßig anspruchsvoll.
Standort: Ganzjährig Halbschatten.
Temperatur: Mindestens 11 °C; ideal sind 18 bis 22 °C.
Gießen: In der Vegetationsruhe sparsam; während des Wachstums das Substrat feucht halten; Wedel oft besprühen.
Düngen: Sparsam und regelmäßig nur während des Wachstums der Triebe.
Vermehren: Ausschließlich durch Sporen; für Spezialisten.
Umtopfen: Zerschlagen Sie den Topf vorsichtig, wenn die Wurzeln ihn ausfüllen und an der Topfwand haften. Alle zwei Jahre in leichte neutrale bis saure Erde umpflanzen.
Schädlinge und Krankheiten: Hauptsächlich braune Schildläuse.

Der Name des Farns kommt aus dem griechischen Asplemon, das bedeutet „Milz". Mit diesem Farn wurden Erkrankungen der Milz behandelt.

▼ Die neuen Wedel sind so empfindlich, dass man sie nicht berühren darf.

Weihnachtsstern, Poinsettie

Euphorbia pulcherrima

Auffallend sind nicht die unscheinbaren gelben Blüten, sondern die roten, rosafarbenen oder weißen Hochblätter (Brakteen) des Weihnachtssterns. Er wurde so gezielt gezüchtet, dass er der ursprünglichen Pflanze nicht mehr gleicht. Die schadstoffabbauenden Eigenschaften blieben jedoch erhalten.

Allgemeine Merkmale

Familie: Euphorbiaceae (Wolfsmilchgewächse).
Herkunft: Mexiko; 1834 in Europa eingeführt.
Lebensraum und Beschreibung: Im Herkunftsland wächst der immergrüne Weihnachtsstern buschförmig 2 bis 2,5 Meter hoch. Zum Blühen braucht er das mexikanische Klima: kühle Temperaturen, Wechsel von trockener und feuchter Jahreszeit, 14 Stunden dunkle Nacht und verkürzte helle Tage.

◀ Weihnachtssterne werden in erster Linie als Saisonware gehandelt.

Abbau chemischer Schadstoffe

Die ausgewachsene Pflanze reduziert Formaldehyd.

Kultur und Pflege

Kultur: Die blühende Pflanze ist pflegeleicht, sie wieder zum Blühen zu bringen schwierig.
Standort: Sehr hell und sonnig.
Temperatur: 15 bis 16 °C; zur Blütezeit sind 20 °C ideal.
Gießen: Erde leicht feucht halten; während der Ruhezeit sehr sparsam gießen.
Düngen: Während der Blüte einmal wöchentlich.
Vermehren: Im April Stecklinge bei 15 bis 20 °C bewurzeln; in Wasser stellen, damit sich die Austrittsstellen des zähen Saftes schließen.
Umtopfen: Im April in frische Zimmerpflanzenerde.
Schädlinge und Krankheiten: Bei Lichtmangel und zu warmem Standort Schildläuse und Spinnmilben.

Yucca, Palmlilie

Riesen-Palmlilie *Yucca elephantipes*

Die Vitalität Ihrer Yucca bemisst sich nach dem Durchmesser und der Länge ihrer Sprosse. Wenn sie dünn und sehr lang sind, weist dies auf Lichtmangel und zu viel Stickstoffdünger hin.

Seit den sechziger Jahren sind Yuccapalmen bei uns bekannt und werden mit Erfolg vermarktet. Die in Dreier- oder Fünfergruppen arrangierten geraden Stämme passen gut in moderne Räume, wo sie die Schadstoffe nachdrücklich eliminieren.

Allgemeine Merkmale
Familie: Agavaceae (Agavengewächse).
Herkunft: Mexiko, Guatemala.
Lebensraum und Beschreibung: In ihrem Biotop bildet die Yucca mehrere vertikale verholzte Stämme, die 8 bis 10 Meter hoch werden können und am Grund als Wasserreservoir eine Verdickung aufweisen. Die Pflanze ist sehr langlebig.

Abbau chemischer Schadstoffe
Die Yucca ist in der Lage, Ammoniak zu binden, der ja in vielen Reinigungsmitteln vorhanden ist. Auch Benzol und Kohlenmonoxid, die ja ebenfalls dem Menschen schaden, nimmt die Palmlilie auf.

▶ Die Yucca ist auch für Pflanzenfreunde ohne grünen Daumen geeignet.

Kultur und Pflege
Kultur: Sehr einfach.
Standort: Sehr hell und sonnig; im Sommer ins Freie stellen.
Temperatur: 5 bis 25 °C.
Gießen: Im Sommer, wenn es heiß ist, regelmäßig.

Im Winter die obere Erdschicht vor dem nächsten Gießen gut trocknen lassen.

Düngen: Nur, wenn neue Blätter erscheinen. Winterruhe beachten.

Vermehren: Stecklinge vom Stamm in warmer Umgebung bewurzeln lassen.

Umtopfen: Alle zwei Jahre im Frühling in Palmenerde; mehrstämmige Pflanzen zuvor zusammenbinden.

Schädlinge und Krankheiten: Sehr selten. Ab und zu die Blätter mit Regenwasser besprühen, damit sie keine braunen Flecken bekommen. Wurzelfäule tritt auf, wenn die Pflanze zu nass oder nicht hell genug steht.

◀ Die Zimmer-
tanne braucht für
ein optimales
Wachstum helle
kühle Räume.

Zimmertanne

Araucaria heterophylla

Die seit langem aus tropischen Regenwäldern impor-
tierte Zimmertanne erlebt derzeit eine Renaissance.
Die sternförmig auseinanderstrebenden Äste sitzen an
einem Stamm, der in der Wohnung höchstens 2 Meter
hoch wird. Die Araukarie ist der einzige Nadelbaum,
der Schadstoffe bindet.

Bildhauer verwenden gerne das Holz der Araukarien. Es ist hart und schwer, leicht zu polieren und
lässt dann die schöne farbige Maserung sichtbar werden.

Allgemeine Merkmale
Familie: Araucariaceae (Araukariengewächse).
Herkunft: Neuseeland, Norfolk-Inseln.
Natürlicher Lebensraum und Beschreibung: Von dieser sehr
alten Pflanzenfamilie gibt es zahlreiche Fossilien. Die heuti-
gen Arten erinnern an merkwürdig geformte Tannenbäume.
In freier Natur werden Araukarien 30 Meter hoch und höher.
Das Wachstum von *A. heterophylla* entspricht der Topfgröße.
Die Äste sind biegsam und unempfindlich.

Abbau chemischer Schadstoffe
Die Pflanze befeuchtet die Zimmerluft. Am gründlichsten
eliminiert sie Formaldehyd.

Kultur und Pflege
Kultur: Einfach.
Standort: Hell bis halbschattig (keine Südsonne). Junge
0,50 bis 1 Meter hohe Pflanzen im Schatten halten.
Temperatur: Zwischen 7 und 25 °C; ideal sind 10 bis 18 °C.
Gießen: Im Sommer reichlich, im Winter sparsam. Pflanze
ganzjährig besprühen, möglichst Regenwasser verwenden.
Düngen: Regelmäßig mit Grünpflanzendünger.
Vermehren: Sehr schwierig; nur für Spezialisten.
Umtopfen: Im Frühling in Moorbeeterde oder Einheitserde.
Schädlinge und Krankheiten: Sehr selten. Bei zu starkem
Gießen oder Düngen können die Blätter abfallen.

▼ Stellen Sie die
Araukarie im
Sommer ins Freie,
damit sie frische
Kräfte tankt.

▶ Die Bergpalme
wirkt durch ihren
lichten Wuchs gut
im Wintergarten.

Zwergpalme und Bergpalme

Europäische Zwergpalme *Chamaerops humilis* und Seifriz-Bergpalme *Chamaedorea seifrizii*

Diese wohlproportionierten Palmen sind grün vom „Scheitel bis zur Sohle" und erinnern an kleine Bambusarten. Sie wachsen langsam, sind sehr anpassungsfähig, pflegeleicht und verbessern das Raumklima an jedem Standort.

Allgemeine Merkmale
Familie: Arecaceae (Palmengewächse).
Herkunft: Mexiko, Guatemala; im 19. Jahrhundert nach Europa importiert.
Lebensraum und Beschreibung: Da sie im Unterholz tropischer Wälder zu Hause sind, begnügen sie sich mit wenig Licht. Beide Gattungen mögen Schatten und feuchte Luft, vertragen aber keine kalte Zugluft.

Abbau chemischer Schadstoffe
Diese Palmen eignen sich für jede Wohnumgebung, denn sie schlucken Schadstoffe mit ihren Blättern und ihren Wurzeln. Sehr gut absorbieren sie Formaldehyd, Xylol, Ammoniak, Trichloräthylen und Benzol.

Kultur und Pflege
Kultur: Einfach.
Standort: Hell bis schattig.
Temperatur: 18 bis 24 °C.
Gießen: Gleichmäßig feucht halten; Blätter besprühen.
Düngen: Sehr sparsam mit Palmendünger.
Vermehren: Sehr schwierig und Spezialisten vorbehalten.
Umtopfen: Im Frühling in faserreiche Palmenerde.
Schädlinge und Krankheiten: Spinnmilben. Laub der Pflanzen im Sommer mit Regenwasser abwaschen, um die Schädlinge zu vertreiben.

▼ An ihrem Naturstandort werden Zwergpalmen trotz ihres Namens bis zu 7 m hoch.

Zwerg-Dattelpalme

Phoenix roebelenii

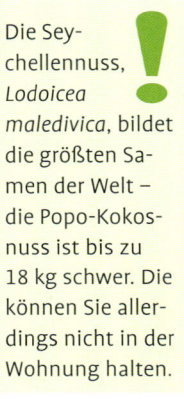

Die Sey-chellennuss, *Lodoicea maledivica*, bildet die größten Samen der Welt – die Popo-Kokos-nuss ist bis zu 18 kg schwer. Die können Sie allerdings nicht in der Wohnung halten.

Diese anmutige Palme ist von dünnen biegsamen Wedeln gekrönt, die an der Unterseite weiße schuppenartige Härchen tragen. Anders als die meisten Mitglieder dieser Familie ist *Phoenix roebelenii* kälteempfindlich! Selbst von jungen Pflanzen werden Schadstoffe sehr wirksam gebunden.

Allgemeine Merkmale
Familie: Arecaceae (Palmengewächse).
Herkunft: Laos; 1889 nach Europa importiert.
Lebensraum und Beschreibung: Die aus den warmen Regionen Asiens stammende Palme wächst sehr langsam. Der Stamm bildet sich allmählich. Einzeln oder in Gruppen gepflanzt, sind sie Schmuckstücke in einem hellen Wohnzimmer oder auf einer Veranda.

Abbau chemischer Schadstoffe
Die Zwerg-Dattelpalme ist zwar klein, aber ihre Fähigkeit, Luftverunreinigungen von Formaldehyd zu beheben, ist beachtlich (25 bis 35 µg/h). Außerdem bindet sie Xylol, und zwar stündlich 15 µg.

Kultur und Pflege
Kultur: Mäßig anspruchsvoll.
Standort: Volle Sonne; im Sommer nach Gewöhnung an sonnigen Platz im Freien stellen.
Temperatur: Mindestens 12 °C; ideal sind 18 bis 26 °C.

◀ Wenn die Palme den Sommer im Freien verbringt, sammelt sie neue Kräfte und kann im Winter die Schadstoffe in der Wohnung gründlicher filtern.

Gießen: Mäßig und regelmäßig während des Wachstums (Bildung neuer Wedel); Blätter besprühen.

Düngen: Mit Palmendünger; im Winter nicht düngen.

Vermehren: Durch Triebe von der Basis; Vermehrung durch Samen ist problematisch.

Umtopfen: Alle zwei Jahre im Frühling; bei großen Pflanzen die obere Erdschicht durch gute Palmenerde ersetzen.

Schädlinge und Krankheiten: Spinnmilben und Schildläuse bei zu trockener Luft.

▶ In einem warmen Wintergarten begnügt sich die Zwerg-Dattelpalme auch mit weniger Licht.

Nützliche Literatur und Adressen

Blanc, Patrick: Vertikale Gärten – Die Natur in der Stadt. Verlag Eugen Ulmer, Stuttgart 2009.

Bürger, Alfons: Orchideen für Wohnraum und Büro, 4. Aufl. Verlag Eugen Ulmer, Stuttgart 2006.

Haberer, Martin: Taschenatlas Zimmerpflanzen – 350 Pflanzen für Wohnraum und Wintergarten, 2. Aufl. Verlag Eugen Ulmer, Stuttgart 2004.

Röllke, Lutz: Das praktische Orchideenbuch, 3. Aufl. Verlag Eugen Ulmer, Stuttgart 2004.

Rücker, Karl-Heinz: Die Pflanze im Haus. Verlag Eugen Ulmer, Stuttgart 2005.

Wagener, Klaus, Henckel Hella: Wohnen mit Pflanze – Grüne Ideen für Zuhause. Verlag Eugen Ulmer, Stuttgart 2007.

Die „Bayerische Anstalt für Weinbau und Gartenbau Würzburg-Veitshöchheim" beschäftigt sich besonders mit Bürobegrünung, Wohnwintergarten und passender Pflanzenauswahl:

Bayerische Anstalt für Weinbau und Gartenbau
An der Steige 15
97209 Veitshöchheim
Tel.: 0931 9801 0
Fax: 0931 9801 100
poststelle@lwg.bayern.de
www.lwg.bayern.de (Stichwort Gartenbau/Innenraumbegrünung)

Die aktuelle Zulassungssituation für Pflanzenschutzmittel finden Sie im Internet unter www.bvl.bund.de.

Die Kennzeichnung von luftreinigenden Pflanzen findet im Fachhandel noch nicht konsequent statt. Die Gattungen *Areca*, *Hedera*, *Nephrolepis* und *Spathiphyllum* finden Sie jedoch seit Oktober 2009 in Ihrem Dehner Gartencenter unter dem Label „Air so Pure®".

Botanische Pflanzennamen

Deutsche Pflanzennamen

Bildquellen

Alle Fotos stammen von Claudius Thiriet, außer folgende:
Ki Plant: Seite 2, 21, 22, 24 o., 29, 31, 32, 33, 35, 37, 44, 98, 100, 102, 124/125
Titelbild: GAP/Andrea Jones